HUAWEI

华为团队管理法

HUAWEI TUANDUI GUANLI FA

千　海◎著

SPM
南方出版传媒
广东经济出版社
—广州—

图书在版编目（CIP）数据

华为团队管理法／千海著．—广州：广东经济出版社，2018.1
ISBN 978－7－5454－5907－4

Ⅰ．①华… Ⅱ．①千… Ⅲ．①通信企业－企业管理－经验－深圳Ⅳ．①F632.765.3

中国版本图书馆 CIP 数据核字（2017）第 274924 号

出 版 人：姚丹林
责任编辑：蒋先润
责任技编：许伟斌
装帧设计：回归线

出版发行	广东经济出版社（广州市环市东路水荫路 11 号 11～12 楼）
经销	全国新华书店
印刷	惠州报业传媒印务有限公司 （惠城区江北三新村惠州报业传媒大厦 1610 室）
开本	730 毫米×1020 毫米 1/16
印张	16.25
字数	205 000 字
版次	2018 年 1 月第 1 版
印次	2018 年 1 月第 1 次
印数	1～5 000
书号	ISBN 978－7－5454－5907－4
定价	45.00 元

如发现印装质量问题，影响阅读，请与承印厂联系调换。
发行部地址：广州市环市东路水荫路 11 号 11 楼
电话：（020）38306055 37601950 邮政编码：510075
邮购地址：广州市环市东路水荫路 11 号 11 楼
电话：（020）37601980 营销网址：http://www.gebook.com
广东经济出版社新浪官方微博：http://e.weibo.com/gebook
广东经济出版社常年法律顾问：何剑桥律师

PREFACE

前言

完美的团队才能成就完美的企业

华为的好口碑从何而来?

为什么华为的执行力强、效率高?

是什么力量促使华为屡次创造奇迹?

华为靠什么从小作坊变成了国内的行业巨头?

华为为何能稳坐全球智能手机销售榜前三位?

……

不可否认，随着华为的渐渐崛起，很多人的内心中都充满了这些疑问，为了寻找正确答案，大家开始从各方面剖析华为，而随着研究的不断深入，人们终于发现了它创造奇迹的奥秘——团队管理！出神入化的团队管理技巧，不仅给华为带来了丰厚的利润，还帮它赢得了良好的口碑，使其一举夺下国内通信设备厂商“龙头老大”的位置。

创业初期，华为一没产品、二没技术，有的只是团队。为了尽快打开市场，团队在服务上拼尽了全力，但凡接到客户的电话，无论是产品投诉，还是提出疑问，哪怕外面下雹子，他们也会立即去解决，几乎是“随叫随到”。

而为了迅速提升产品技术，研发团队挤在一幢破旧的办公楼里，吃喝拉撒都在一起，他们睡觉的床与厨房、办公桌在同一层楼，他们困了就去躺一会儿，醒来后继续工作。

面对激烈的竞争，是团队齐心协力，帮助华为战胜了大部分对手；遭遇客户投诉，也是团队不畏艰辛积极解决困难，为华为建立了良好的口碑；向外扩张时期，亦是团队一马当先，迅速占领了各大海外市场；危机来临之际，还是团队迎难而上，助华为顺利渡过了难关……可以说，若没有这些团队，华为就无法取得今天的成就！

在优秀团队的努力下，华为从一家做交换机代理销售的小企业，变成了全球最大的电信网络解决方案提供商、全球第二大通信和电信基站设备供应商。现在，它不但以3950.09亿元的年营业收入，占据了“2016年中国民营企业500强”榜的首位，而且，也挤进了“2017年BrandZ最具价值全球品牌100强”居第49位！此外，它还以近25亿元的销量，稳坐2017年全球智能手机榜的第三把交椅。

也许，华为的成功难以复制，但它的团队管理技巧却不能不借鉴，只要有了优秀的团队，即便我们无法像华为那般创造奇迹，至少也可以带领企业走向下一个高峰！虽然失败者的遭遇各不相同，但成功者的经验却都是相似的，唯有踩着他们的脚印前行，才能更快获得成功的青睐，否则就会多走弯路，甚至导致失败！

回望历史，不难发现，那些成功企业的背后，往往不是站着一个团队，就是排着好几个团队，若没有这帮人的支持和帮助，别说成功了，可能连它卖的是什么都少有人知道。可见，唯有完美的团队，才能成就完美的企业，只要明白了这一点，那么华为现在的成功，便不再是遥不可及的梦，而是可以实现的未来！

CONTENTS

目录

第一章

灰度：以妥协和宽容维持平衡

一个领导人重要的能力是把握方向、节奏，他的水平体现在合适的灰度上。坚定不移的正确方向来自灰度、妥协与宽容！

妥协不是让步，而是以退为进

“

为了达到主要的目标，可以在次要的目标上做适当的让步。这种妥协并不是完全放弃原则，而是以退为进，通过适当的交换来确保目标的实现！

”

也许，在有些人看来，要想管理好一个团队，就得拿出不退让、不妥协的强硬态度，唯有这样，才能守住自己的底线和原则，让成员们乖乖地听话。对此，任正非会第一个站出来反对，因为他崇尚灰度：“没有妥协就没有灰度”“明智的妥协是一种适当的交换”“妥协并不意味着放弃原则，一味地让步”……

任正非坚持以灰度管理团队，而灰度的要素之一便是妥协，他认为妥协才是管理团队最有效的手段，他在华为向海外扩展时，这点表现得尤为明显。

华为最初在打开美国市场时，屡屡吃到“闭门羹”，可尽管如此，任正非也坚持要敲开美国的“门”，因为他知道，华为要想获得更好的发展，就必须这样做！无奈之下，任正非只好选择妥协，为了能尽快打开美国市场，更为了企业的长足发展，他决定给华为穿上一双“美国鞋”——引进西方现代企业的管理制度！

任正非想要的，不仅仅是表面上的神似或形似，而是真正的“全盘西化”，因为他心里清楚，要想真正地打进西方市场，就必须放弃“老祖宗”的东西，将华为打造成国际化团队！为了做到这一点，任正非聘请了70位管理专家，对华为进行了全方位的“诊断”，为此，他付出了每小时300～600美元的高额费用。

经过专家们的观察和审核，华为在管理制度上的缺陷暴露无遗：缺乏必要的前瞻性，以致员工们经常做无用功，白白浪费了不少企业资源；操作流程没有统一化，所有部门都各自为政，从而导致企业内耗严重；英雄主义太强，真正能做事的就那么一些人，大部分人的技术和能力都有待提高；项目太乱，没约束力……

当任正非听到这些时，脑子里除了“嗡嗡”的响声，其他的什么都没有！

为了尽快解决这些问题，任正非开始实行一系列的改革，甚至时至今日，华为的变革也依然没有结束，因为妥协已经成了他管理企业的必要手段，只要能有助于华为的成长，他就会毫不犹豫地妥协，哪怕要“削足适履”，也在所不惜！

在任正非看来，“妥协其实是非常务实、通权达变的丛林智慧，凡是人性丛林里的智者，都懂得在恰当时机接受别人的妥协，或向别人妥协，毕竟人要生存，靠的是理性，而不是意气”。因此，他认为“明智的妥协是一种让步的艺术”，能让自己更好地管理团队，“相反，不明智的妥协，就是缺乏适当的权衡，或是坚持了次要目标而放弃了主要目标，或是妥协的代价过高而遭受不必要的损失”。

可是，“在一些人的眼中，妥协似乎是软弱和不坚定的表现，似乎只有毫不妥协，方能显示英雄本色。但是，这种非此即彼的思维方式，实际上是认定人与人之间的关系，是征服与被征服的关系，没有任何妥协的余地”。殊不知，为了英雄主义而盲目地对立，对团队有百害而无一利，且不说能不能找来人合作，仅失去人性化这一点，就足以让成员们纷纷离去，让你变成个

“光杆司令”了！

曾经，宝马有位优秀的发动机研究员，来自阿根廷的他在宝马干了3年，有一天他突然向上司提出了离职申请，经过一番询问，上司才知道，原来他的孩子明年就要上学了，妻子想让他回国工作，一起陪伴孩子成长！对此，上司恳请他先干完今年，这样既能拿到年终奖，也没耽误孩子上学，他想想也对，便答应了！

转眼间，1年的时间过去了，于是，这位阿根廷研究员兴高采烈地去拿年终奖，一想到拿完钱就能回家看孩子了，他心里有种说不出的喜悦！然而，他却被告知没有年终奖，心里顿时“咯噔”一下：完了、完了、完了，不是公司知道我要走，就不想给我发了吧！想到这里，他便转身气呼呼地去找上司理论了！

上司见这位研究员进门后，便立刻笑着迎了上去，说道：“别生气，你的年终奖在我这儿！不过你得先做个选择题，你是想要这里一所学校的寄读名额呢？还是想要你原本的年终奖！我有必要告诉你一声，这名额里也包括了你妻子的那一份，当然，如果她愿意来的话！”研究员听到后，简直不敢相信自己的耳朵！

从那以后，这位阿根廷研究员再没提过辞职的事，不仅如此，他还比以前更努力地工作。在他的努力下，宝马推出了新一代发动机N20，瞬间占领了市场！

看到这，可能有人会提出质疑：制度不是用来遵守的吗？怎么能说改就改了呢？的确，那些关于规范行为和工作的制度，必须坚决实行按章办事；至于员工的激励体制，就完全没必要上纲上线了，像宝马这样适当地做些改变、做点妥协，反而更能起到激励员工的作用，让他们心甘情愿、心无旁骛地为企业做贡献！

正因为如此，任正非才说出了这样一番话：“妥协是双方或多方在某种条件下达成的共识，在解决问题上，它不是最好的办法，但在没有更好的方法出现之前，它却是最好的方法，因为它有不少的好处。”无数事实证明，无论是面对客户、合作盟友、竞争对手，还是对待自己的员工，那些强硬的态度和手段，往往只有在固定的模式下，才能获得成功，而大多数时候，却是适当的妥协获胜！

可见，妥协是团队管理的必要手段，因为“只有妥协，才能实现‘双赢’和‘多赢’，否则必然两败俱伤。因为妥协能够消除冲突，拒绝妥协，必然是对抗的前奏；我们的各级干部真正领悟了妥协的艺术，学会了宽容，保持开放的心态，就会真正达到灰度的境界，就能够在正确的道路上走得更远，走得更扎实”。

管理红绿灯

对于团队来说，虽然妥协有百利而无一害，但在具体实施的过程中，也不能太过随意，一定要牢牢记住它的两大前提：方向不能妥协，原则也不能妥协！可能有人会问：究竟什么是方向和原则呢？通俗一点讲，方向是指团队的大目标，而原则是指最后的底线！只要这两点不会发生改变，其他的一切都能妥协。

世界不是非白即黑、非此即彼

> 一个清晰的方向，是在混沌中产生的，是从灰色中脱颖而出，方向是随时间和空间而变的，但它常常又会变得不清晰。并不是非白即黑、非此即彼！

“灰”是介于黑、白之间的过渡色，也许，在警察、法官这类执法者的世界里，这个世界除了黑就是白，但对于团队管理者而言，世界却不能非白即黑、非此即彼。为什么？因为团队里既没有真正的对立，也没有永远的敌人，有的只是暂时的矛盾和不和谐，所以，大家没必要非得拼个你死我活、鱼死网破不可！

也正是基于这一点，任正非才提出了“灰度管理”的理念，他认为：“灰度是常态，黑与白是哲学上的假设，所以我们反对在公司管理上走极端，提倡系统性思维。”因此，无论是内部的经营管理，还是外部的合作与竞争，华为都坚持以灰度为准则，不用简单的是非黑白去处理问题，而是将原有的界限丢在一边，更长远、更全面、更完整地看待事物，并迅速寻找出一个相对安全的灰色地带。

众所周知，任正非是一个十分低调的企业家，他既不喜欢高调地展现才华，也不愿过多地出现在各大媒体上，这跟他一直提倡务实的管理态度不谋而合。

在华为，任正非始终强调做人要务实，不能搞那些形式化的务虚，要保持低调的品质。然而，他的这番言论，却没有进到余承东的耳朵里，在任正非如此大力的宣传之下，余承东依然我行我素地高调行事，并且，还有一种语不惊人死不休的趋势，华为人都担心长此以往，势必会影响到企业的发展，于是议论纷纷。

随着议论的声音愈变愈大，任正非不得不给余承东点教训，让他禁言以示惩戒，可有些华为人却并不买这个账，对余承东的言论是不依不饶，那气势像是直接奔着让他“下课”去的。对此，任正非毫不犹豫地站了出来，表明了自己的态度：“允许异见，就是战略储备。我对自己的批判远比我自己的决定要多！”

显然，任正非这是要“护犊子”的节奏，他不是最讨厌浮夸的吗？为什么还要站出来保余承东呢？因为他觉得余承东是个真正的人才，既然华为需要他的能力，就要尊重他的个性，不能用道德捆绑他、用制度压迫他，而应当给他一个相对安全的灰色空间，否则，华为失去的，很可能就不仅仅只是一个余承东了！

其实，任正非不仅仅对员工如此，在团队的改革和发展上，更是始终坚持灰度管理的原则。华为的每一次调整、每一次改革、每一次新老更替，都会引起相关利益团体的冲突，对此，他从不会盲目地“一边倒”，哪怕问题就出在其中一方的身上，他也会用“灰度”来协调好各方的利益，以维持团队的安定团结。

很多时候，管理者在面对问题时，之所以会感到无路可走，就是因为他们陷入了思维的封闭区，并在趋同性的误导下走向了极端，以致非要把事情弄个清清楚楚，分辨出个是非黑白不可。殊不知，这样除了会激化矛盾外，起不到任何的作用，唯有撇清自己的立场，找个相对安全的灰色地带，才能发现问题的关键。

曾有段时间，柳传志一想到由谁来接管联想，脑袋就开始“嗡嗡”作响！

实际上，柳传志早已相中了两个人——郭为和杨元庆。郭为负责的是“联想科技”，企业20%的利润来自他的团队，而剩下80%的利润，则出自杨元庆掌管的“联想电脑”。虽然杨元庆的业绩占优势，但管理能力和郭为却不相上下，杨元庆非常善于打“持久战”，而郭为的优势是打“游击战”，哪里需要就去哪里！

经过深思熟虑后，柳传志决定以杨元庆为主、郭为为辅，共同管理联想！

不知是由于处事风格迥异，还是因为管理理念不同，两人竟暗暗地较起劲来了，别说共同合作了，就连在一起的时间都很少。不仅如此，杨元庆绞尽脑汁地推销联想微机，而郭为却一门心思地想做品牌“代理”，由于目标不一致，两人一见面不是吵就是闹。最后，他们都选择了尽量不见，自己去“玩”自己的。

两人的各自为政导致公司业绩大幅度下降，这让柳传志意识到，一山容不下二虎。就在大家纷纷猜测谁走、谁留时，最后的结果竟没有一个人能猜到，最终柳传志宣布：杨元庆接班管理联想，郭为去从联想集团分出来的“神舟数码”！

今时今日，无论是杨元庆，还是郭为，都依然还在联想里“做牛做马”！

但凡是有人的地方，总会不可避免地产生摩擦、矛盾或争端，此时，管理者一个不留神就会犯下大错，做出危害到团队发展的事来。要想和平友好地解决问题，就不能把是非黑白看得过重，应先站到各方都能接受的“灰色地带”，再用适当的妥协来化解冲突，唯有如此，才能做出比“壮士断臂”更明智的选择！

可以说，对于任何一个团队而言，管理都意味着要处理复杂的人际关系，因为一旦内部产生了不和谐的因素，便会影响到企业的正常运作。对此，华为的管理者会影响、促进、激发队伍中的个体，以使他们乐于追随自己并实现整个团队的目标。他们是怎么做到的呢？答案是学点协调、妥协和协同的技巧，找到能令大家都满意的灰度，并以此去协调各阶层、各部门、各利益团体之间的关系。

实际上，无论是面对团队的发展难题，还是在与对手或上下级“交锋”时，灰度管理都是一种更稳妥、更具效率的解决方式。与其一味地探究谁是谁非，弄清楚黑白，不如以合适的灰度去思考解决方案，毕竟团队想要的不是什么真相，而是能够帮它解决问题的办法。可见，管理并不是一个非黑即白、非此即彼的世界，恰恰相反，只有那些不纠结是非黑白的人，才能把团队经营得风生水起！

管理红绿灯

灰度管理对团队的裨益不容置疑，但怎样才能找到那个合适的灰度呢？任正非认为，要想做到这一点，就必须具备宽文化背景。对此，他做了进一步说明：“宽文化背景怎么理解？大杂烩，什么都懂一点。”的确，一个人书读得够多、所学够杂、文化背景够深厚，看问题的角度才能多元化，思维方式才能摆脱简单的固化和机械化，也唯有这样的人，才能对解决团队中的“疑难杂症”手到擒来。

别较真，跳芭蕾的都有双粗腿

“

在多数人的印象中，芭蕾舞女孩的身材都非常好，腿很细很长。其实不然，大部分跳芭蕾的女孩都有双粗腿，很有力量，脚也很大！

”

不知是出于一种职业的习惯，还是因为患上了“强迫症”，有些人事事都追求完美，总希望能做到最好！不可否认，这种心态是好的，但有时候，过于追求完美却未必是件好事！要知道，完美常伴随着大量的时间和精力，可企业团队的资源毕竟有限，若每个项目、每件产品都消耗了巨大的人力和物力，那么，即使团队勉强支撑了下来，也会对未来的发展造成影响。可见，完美主义害死人！

显然，这一点跟任正非的“灰度管理”不谋而合，也就是不走极端，既不留有缺陷，也不追求完美，凡事只寻找那“合适的灰度”。正因为如此，任正非坚决反对追求完美，他曾公开表示：“以前我们要追求完美，对有缺点的干部不理解。现在缺点归缺点，成绩归成绩，不因你做出成绩就原谅缺点，也不因你有缺点就不选拔！”实际上，任正非之所以拒绝完美，是因为华为有过切身的体会！

这一年，华为开发出了一款新产品，为了能让新产品“一炮而红”，开发小组个个都铆足了劲，想“生”个最完美的“孩子”，然而，事实却恰恰相反，刚一开始就遇到了难题，整个小组费了九牛二虎之力，才算彻底解决了这个问题。

正当开发组一门心思地捣鼓新产品时，任正非却得到了一个重要信息：竞争对手的新产品跟他们的很相似，并且，人家推出市场的时间要比他们早很多！面对这一突发事件，任正非立刻召开了一次紧急会议，会上大家七嘴八舌地说个不停，有的人说：“如果产品不完美，就算比别人早上市，也会被淘汰”；而有的人则说：“要是被竞争对手抢占了先机，你做得再好也不能给企业带来效益！”

面对大家的意见，任正非决定还是要抢占市场，不能过于追求完美，只要新产品功能齐备、外观看得过去，就立刻进行大批量生产，务必要比竞争对手早几个月进市场！会议结束后，却愁坏了开发小组的成员，因为新产品还有很多问题没解决，原本就担心不能如期完成，现在倒好，还要提前做完！任正非得知这事后，直接给各个部门发邮件，让整个华为给新产品开“绿灯”，帮他们一把！

终于，新产品按计划完成，比竞争对手早入市，一举占领了大部分市场！

不得不说，任正非真是一个睿智的领导者，他总能“拨开云雾见青天”。试想，倘若开发团队一味地追求完美，即便造出了功能更强大、更新颖的产品，那又能怎样？还不照样会失去抢占市场的先机，给企业带来巨大的损失！任正非当机立断，做出了正确的指引。

在华为的团队管理中，任正非坚决反对的第一条，就是“反对完美主义”。

华为团队虽背着“重视研发和技术”的好名声，但却从不迷恋、沉溺于技术，它将更多的目标放在了效率、效果和市场反应上。只要新开发的产品能迎合市场的需求，就算技术含量不高、功能不够完善，也阻挡不了其大力推广的脚步！正是凭借这种拒绝完美、推崇实用的精神，华为的团队才能始终领先对手、跟随市场潮流。其实，坚决反对追求完美的团队，远不止华为一家，微软亦是如此！

众所周知，微软和IBM公司曾是盟友，它们还共同开发了一款新的操作系统——OS/2，只不过，两家企业分道扬镳以后，该系统就由IBM独自完成了！当年，这款IBMOS/2操作系统跟微软Windows 95的竞争，打“娘胎”里就已开始了！

微软的软件开发团队为了先一步抢占市场，还没等那帮技术人员将Windows 95给“玩透”，便早早地投入了市场，并且很快占领了一席之地。面对这突如其来的不利局面，竞争对手IBM公司是既吃惊，又顿时傻了眼，只能暗暗发誓：下次可没这么走运了！谁承想，微软的开发团队压根就不给对手这个机会。

Windows 95刚问世没多久，微软开发团队便不拘小节地将Windows 95升级到了Windows 97；第二年，该团队又隆重推出了Windows 98；紧接着下来的是Windows Me、Windows XP……正是这一次又一次的把握时机，让市场接受了微软的产品，使其不但成为美国人的不二之选，同时，也成了我们中国人的第一选择。

不难看出，微软的盖茨跟任正非是“同道中人”——他们深知追求完美的危害大，所以，从来都不在小事上斤斤计较！其实，不仅仅是团队的管理者，普通员工也不能过于追求完美，因为这会导致在某一项工作中，投入大量的时间和精力，从而降低了自己的工作效率，一个人完不成进度，没准会拖慢整个团队！

对此，任正非还给华为人讲了个“红舞鞋”的故事，并说：“世界是在变化的，永远没有精致完美，根本不可能存在完美，追求完美就会陷入低端的事物主义，越做越糊涂，把事情僵化了；做得精致完美，就会变成小脚女人，怎么冲锋打仗，华为公司为什么能够超越西方公司，就是不追求完美，不追求精致。”

对于团队，尤其是玩高科技的团队而言，若太执着于技术的完美，常会错过进入市场的最佳时机，新产品上市只要稍晚一步，就会失去生存的空间。在当下这个快节奏的社会，效率已成为团队成功的重要标准，且高科技产品更新换代的速度之快，简直超乎想象，一旦错过时机，就会被竞争对手甩出好几条街！

管理红绿灯

对于团队而言，过分追求完美的确有害无益，但这并不表示一点完美的影子都不能留，有些事还是要尽力做到完美的，如上级指派的工作任务、企业制定的操作流程等，若对这些事持得过且过的态度，就算你能侥幸蒙混过关，最终也会被绩效考核给踢出来，到那时，你若再想完美，恐怕就只能在别的公司了！

各打五十大板那不叫公平

“

真正绝对的公平是没有的，你不能对这方面期望太高。但在努力者面前，机会总是均等的，只要你不懈地努力，你的主管会了解你的！

”

在任正非看来，世界上压根就没有真正的公平可言，所谓“公平”，其实就是最大限度地做到不偏不倚、一视同仁，绝不能不分青红皂白地各打五十大板，这一点在华为的人力资源体系中，得到了充分的体现。为了让员工感受到团队的公平和公正，华为实行的是“不看职位看贡献”的薪资策略，即按贡献来确定员工的工资，而不是单纯地只看职位的高低，就算你是 CEO，没贡献照样零工资。

若要细数华为的“名人”，李一男绝对能算得上一个，这位天才少年 23 岁就进了华为，他通过不懈的努力，在华为屡屡创造晋升的奇迹：他来的第 2 个星期便成了高级工程师；短短半年的时间，他就坐上了中央研究部副总经理的位置；1 年后，他又被升任为中央研究部的总经理；而在进华为的第 2

年，他直接成了最年轻的副总裁。若华为也跟其他企业一样论资排辈，那这事压根就不可能发生。

不仅如此，为了最大限度地做到公平公正，华为还反其道而行——优先提拔女干部！众所周知，很多企业对员工都有性别之分，那些因“男尊女卑”思想而衍生的性别歧视，在各大企业都屡见不鲜，女人很难享受到跟男人一样的待遇。对此，任正非持强烈反对的态度，所以在华为，无论男女，只要你的贡献大，你的职位和薪酬就高，也正因为如此，华为才出现了大批像孙亚芳这样的人才！

可以说，华为赏罚分明、评价公允，它给了每一个员工机会，只要他们能抓得住，便能扶摇直上、平步青云。无论是公司的总裁，还是基层的普通员工，能为公司做出贡献的，就一定不会被埋没；损害了公司利益的，也一定不会被姑息！

实际上，公平就是灰度管理中的原则和大方向，企业团队虽无法真正地做到公平公正，但对于那些努力拼搏的员工，却一定要给予同等的报酬，唯有如此，即便是受了委屈，他们也不会轻易地离开；否则，既要受委屈，又得不到应有的报酬，谁还肯给团队卖力地干活？深谙此道的华为，正是这样留住了人才。

对于团队而言，公平公正地对待每一个成员，既是对管理者的最基本要求，也是让成员发奋工作的原动力之一。相比那些自认为已经做到公平的团队，华为简直就像一个刚进学堂的孩子，一路摸爬滚打地探索着前方的路，寻找着能零距离接近公平的方法，给员工一个不含杂质的工作环境，从而能够安心、愉悦、卖力地干活！对此，在世界500强排行榜占有一席之地的安利，也是这样去做的！

提及安利，相信大家都不会陌生，这家将直销推向了新高潮的企业，经常被模仿，却从未被超越，可见，它的成功并非偶然，而是苦心经营之下的必然！

其实，早在2014年，安利的直销队伍就已经达到300万人，但令人惊讶的是，拥有如此庞大队伍的安利，员工流动率却仅为10%左右，这跟其他的大型企业相比，简直就是创造了神话，更让人惊奇的是，它的员工都像打了鸡血似的，每天都有着使不完的劲儿！安利是怎么做到的呢？安利之所以队伍稳定、充满活力，原来都是因为它有一套公正、开明的奖惩制度，保障了员工的利益！

一直以来，安利都将自己的员工视为“真诚的伙伴”，而不是“给自己打工的人”，所以，它设定的制度都是在这一基础上加以完善！为了防止管理者单凭自己的主观意识来进行考核，安利根据员工要求的七项才能要素，做成了标准化的明晰表格，并按照公平公正的原则，逐一考量员工的能力。如此一来，不但能激励那些具有内在素质的员工，而且同时，也避免了一些能力欠佳员工的投机行为。

在这一制度的激励下，安利的员工们都撸起袖子拼命地干，一举将公司推进了世界500强企业的行列。虽然这个世界500强企业排行榜年年变新貌，无论是新势力的加入，还是旧势力的退场，但几十年间，安利都如常青藤般，始终占据着榜上一个名额！

显然，安利的成功来源于员工的拼搏，而员工之所以如此卖力地干活，是因为他们得到了公平的对待，对自己的前途和未来充满了信心！可见，只有做到无限地接近公平——不偏不倚、一视同仁、不片面偏激，团队才能收买人心，让成员乐于跟自己站在同一个战壕里，一起去消灭那些阻碍企业发展的“敌人”。

然而，事实却恰恰相反，很多管理者不是戴着有色眼镜看人，就是先入为主的给成员们“贴标签”，以致不少人都失去了得到平等对待的机会。不可否认，人是个很易受外界影响的物种，但这并不表示管理者就可以剥夺别人的权益，且不说这会造成企业资源浪费、发展缓慢等危害，仅工作效率降低这一项，就够你受的。

所以，作为团队的管理者，一定要坚持公平公正的原则，平等地去看待每一位成员，即便他们的身上有些缺点，也不能始终揪着这一点不放！所谓“金无足赤，人无完人”，每个人都难免会有点小毛病，只要没影响到工作上的表现，就无须把它放在心上，否则失去的可能就不仅仅是几名成员，而是苦心经营的团队了。

管理红绿灯

在现实生活中，不少管理者在执行公平原则时，常常会不自觉地缩小范围，殊不知，哪怕将范围只缩小到一个人，也是背离了团队的大方向！对此，罗马的思想家西塞罗告诉我们：公正的原则必须贯彻到社会的最底层。对少数人的公平是狭隘而局限的，也是不可取的！所以，团队的管理者一定要一视同仁，对每一位成员都得“一碗水端平”，唯有如此，才能充分调动成员的积极性和战斗力。

华为灰度管理：妥协、开放和宽容

“

坚定不移的正确方向，来自灰度、妥协与宽容！

”

随着时代的飞速发展，各行各业都已濒临饱和状态，再加之市场竞争愈演愈烈，以致越来越多的团队看不清前路，甚至对未来一片茫然，就在这时，任正非提出了灰度管理！究竟什么是灰度呢？对此，任正非表示：合理地掌握合适的灰度，是使各种影响发展的要素，在一段时间和谐。这种和谐的过程叫妥协，这种和谐的结果叫灰度！说白了，灰度就是各种因素组合在一起的和谐！

若想达到这种和谐，任正非认为得满足三个要素，那就是妥协、开放和宽容，并且，他还举例道：“纵观中国历史上的变法，虽然对中国社会进步产生了很大的影响，但大多没有达到变革者的理想。我认为，面对它们所处的时代环境，他们的变革太激进、太僵化，冲破阻力的方法太苛刻。如果他们用较长时间来实践，而不是太急迫、太全面，收效也许会好一些。其实就是缺少灰度。”

事实上，团队管理中的很多矛盾，都可以用“妥协、开放和宽容”去解决，所以，管理者很有必要去学学这三个要素，进而让员工释放更大的能量，为企业创造更多的价值。废话不多说，咱们还是跟着任正非一起好好地学习灰度吧！

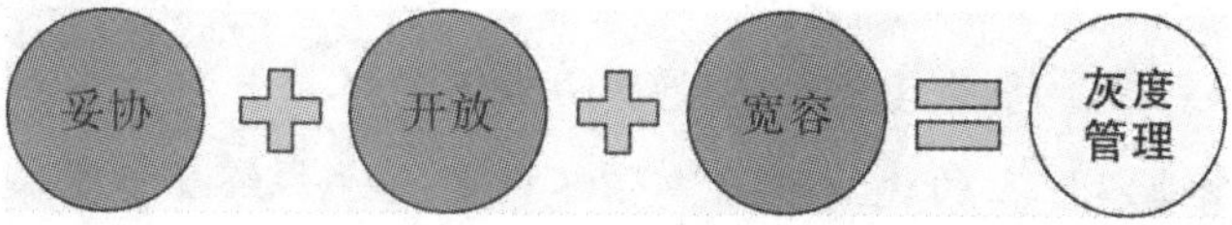

图1－1　华为灰度管理的三要素

明智的妥协是一种艺术

作为华为的创始人和CEO，任正非有一套自己的发展理念——妥协。他认为，只有妥协，才能让团队长治久安，因为“明智的妥协是一种让步的艺术，妥协也是一种美德。掌握这种高超的艺术，是管理者的必备素质”。

在任正非看来，“妥协的内涵和底蕴比它的字面含义丰富得多，而懂得它与实践更是完全不同的两回事”。正因为如此，他才频频向华为团队诠释妥协的真正含义，以帮助它们更好地去实践。他曾告诫道：“我们华为的干部，大多比较年轻，血气方刚，干劲冲天，不大懂得必要的妥协，也会产生较大的阻力。”

不仅如此，任正非还告诉华为团队“妥协的正确打开方式”：“坚持正确的方向，与妥协并不矛盾，相反妥协是对坚定不移方向的坚持。当然，方向是不可以妥协的，原则也是不可以妥协的。但是，实现目标过程中的一切都可以妥协，只要它有利于目标的实现，为什么不能妥协一下？当目标方向清楚了，如果此路不通，我们妥协一下，绕个弯，总比在原地踏步要好，干吗要一头撞到南墙上？”

开放才能保持领先优势

开放是灰度管理的基础，它令华为的团队即便处于激烈的竞争环境，也能始终保持领先的优势！对于开放式管理，任正非表示：“华为公司一定不能重蹈覆辙。一定要在控制有效的基础上，进行转制改革。要像新加坡一样管得很严，在严管的情况下，逐步释放能量，释放过快就成了原子弹。但是，我们认为这种很严厉、苛刻的管理，不利于公司长期稳定地发展建设，我们要逐步放松、再放松！”

企业发展早期，华为为了抢占更多的市场，经常上演“虎口夺食”的戏码，终于让企业以惊人的速度扩张。但不承想，这却给管理带来了巨大的负担，如招聘，一次招聘会就能招来成百上千的人，为了填补岗位的空白，多数员工还没来得及培训就上了“战场”，且不少干部还不具备管理能力，就被推上了“将军”的位置。

结果可想而知，整个华为上下都处在混乱之中。对此，华为决定引进西方管理制度，严格把控管理中的每一个细节，将那些没用的人都从队伍里清出去。经过长时间的推行和整改，华为逐渐实现了流程化和制度化的管理，这时，它又开始慢慢放松了管制。为什么呢？因为任正非意识到，苛刻的管理已不再适应团队现在的发展，唯有人文化、开放化的管理，才能让员工们更努力地为企业工作！

宽容是和谐的必要条件

对于团队而言，若管理者不能常怀一颗宽容之心，那么，就别指望团队内部会出现欢声笑语的和谐景象，到那时，面红耳赤的争执早已是家常便饭，只要成员们没打起来，便算很给面子了！其实，宽容的作用不仅仅只是解决内部矛盾，它对于团队未来的发展，同样能起到巨大的推动作用。试想，一个没有宽容心的队伍，在接待客户、招呼盟友时，即便不会当面争执，也很难促成双方的合作！

那一年，比尔·盖茨宣布微软将退出 Internet 领域。当时，有几位员工坚决反对这一决定，他们甚至直接发信件给盖茨：“你这个决定是一个错误的决定！”然而，盖茨收到信件后，既没生他们的气，也没让他们卷铺盖滚蛋，而是特意将他们请进自己的办公室，一点一点地向他们解释自己做出这一决定的原因！

最后，那几位员工说服了盖茨，盖茨也意识到了问题，为了表达歉意，他将这件事写进了一篇文章里，并在文中承认了自己的错误。紧接着，微软设立了 Internet 部门，盖茨从其他部门调来了不少优秀的员工，其中就有当初那几个坚决反对他的人。为了感谢盖茨的宽容，他们卖力工作，成为企业的中坚力量！

显然，是盖茨的宽容和开明，使得员工敢于说真话，促进了微软的发展！而这也正是任正非提出宽容理念的原因所在。他深知，刻薄往往会造成团队管理上的僵化，继而伤害到员工的利益，只有适当的宽容才能消除冲突，才能真正达到灰度的境界，从而帮助团队长足稳定地发展，使其在正确的道路上走得更稳更远！

管理红绿灯

在任正非看来，宽容是一种智慧，而并非软弱。为什么呢？因为不同性格、不同特长、不同偏好的人聚在一起，能否齐心协力地团结合作，靠的就是管理者的宽容。对此，他还进行了详细说明："宽容所体现出来的退让，是有目的、有计划的，主动权掌握在自己的手中。无奈和迫不得已不能算宽容。只有勇敢的人，才懂得如何宽容，懦夫决不会宽容，这不是他的本性。宽容是一种美德！"

第二章

目标：有目的能更快到达终点

「

我们要清楚‘我是谁，从哪里来，准备到哪里去’！

」

三分天下，华为占一分

“

十年之后，世界通信行业会三分天下，华为将占一分！

”

其实，早在1994年，任正非便给华为定下了“占一分天下”的目标。为了实现这一目标，他带领着所有华为人浴血奋战，既不怕苦、不怕累，也不怕流血流汗、奉献自己，才迎来了今天的辉煌！人若没有目标，就会找不到人生的意义；同样的，要是团队没有目标，就会不知道前进的方向，也不知道要去哪儿，更不知道劲该往哪儿使。可见，目标对团队十分重要，它是所有成员拼搏的动力。

1994年，自从任正非提出“十年后，华为占一分天下”的目标后，整个华为团队便都在为此而努力奋斗，可1年的时间过去了，华为却依然处于刚起步的阶段。当时，整个华为也就800多名员工，销售额也仅仅只有15亿元，显然，这离目标相差了十万八千里。若按这个速度发展下去，别说10年，100年也实现不了目标。

除此之外，当时的市场环境也十分恶劣：一方面国家的政策放开，使得不少国外的企业入驻，实力雄厚的它们，一来便占据了大块的市场份额；另一方面，由于市场逐渐变大，通信行业的竞争也愈发的激烈，各大企业都拼死相争，有些企业甚至不惜模仿国外的产品，结果却导致中外产品撞车、市场严重过剩的局面。

面对这些内忧外患，任正非和他的团队都开动起脑筋来，他们认为，要想实现目标，并让华为获得更好的发展，就不得不改变目前的战术。于是，他们不但建立了“北京研发中心”，准备进入数据通信领域，而且，还开始施行“从农村市场转向城市市场”的政策，为华为迈向更高、更大的舞台提前做准备。

为了能更快地实现目标，任正非主张与本土企业联合起来，走共同发展的道路，这样既能“接地气”，又能获得国家的扶持，简直是一举两得。就这样，在各个团队的共同努力之下，企业开始迅速壮大，而华为人也再一次创造了奇迹！

其实，不仅仅是华为，对于任何企业团队来说，没有目标就会像一艘失去了方向的船，即使能侥幸地躲过触礁，也无法到达目的地；反之，若团队有了目标，即使走得再缓慢，也终有一天能到达成功的彼岸！由此可见，无论是人多人少，规模是大是小，团队都要制定远大的目标，给未来一个准确的定位，以明确自己的发展方向，从而做好相应的规划，唯有如此，才能让成员们始终充满斗志。

一个好的目标，对团队来说百利而无一害，只不过，它的前提是这个目标得好。什么样的目标才算好呢？对此，咱们可以参考一下华为的“5W1H”法！

What——干什么

制定目标的第一步，就是要考虑团队想让成员们干什么，这样才能将任务一层一层地分配下去。例如，团队的目标是占领更多的市场，那么，它想让成员们干的就是开发新产品，技术部门自然是负责开发，而市场部门则负责宣传……除此之外，还必须让每个成员都明白干这件事的原因和目的，以及怎么样才能做好这件事等。唯有如此，成员们才能够按照计划，朝着企业目标大踏步地前进。

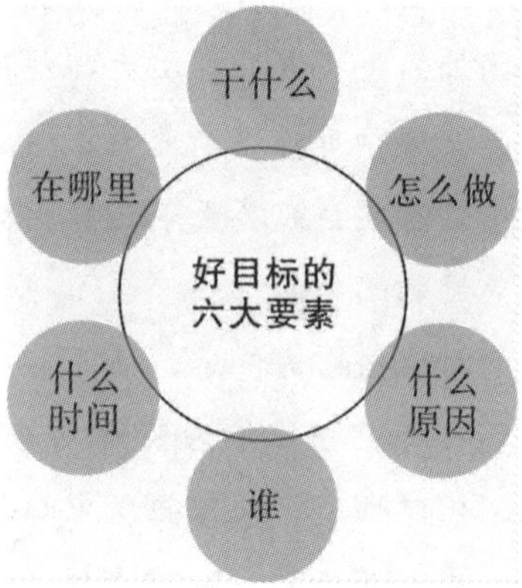

图 2－1　华为制定目标的“5W1H”法

Where——在哪里

华为的分机构遍布世界各地，每个地方因环境、工作人员的不同，导致考虑问题的角度也各不相同，所以，它在制定目标时，十分注重场地的作用。其实，不仅仅是华为，任何团队的目标都应当明确场地的作用，如哪里适合招聘人才、哪里有益于生产产品、哪里更适合拿来开发产品、哪里有利于建造休息室等。

唯有选对地方，才能让目标更快地实现，否则，就会浪费不必要的时间！

When——什么时间

这里所说的时间，并不仅仅只是指某一方面，而是整个目标中的所有时间，如执行目标的时间、完成目标的时间以及每个阶段的执行和完成时间。例如，在制定团队的销售目标时，不但要考虑市场的环境和需求，而且，还得考虑每位销售成员的能力技巧和综合素质，唯有如此，才能准确地预估出完成的时间。

需要注意的是，时间都不能掐得太死，还得给意外事件留出一点时间！

Who——谁

这个“谁”是指目标的执行人。要知道，只有让合适的人来干适合的事，才能大幅度地提高效率，不然便会拖慢整个进程！华为人认为，对于目标而言，优秀的人并不一定就合适，所以在华为，执行目标的人优不优秀不重要，重要的是他有没有优势，以及能不能顺利地完成任务。至于怎样才能找到那个最合适的人，就需要团队的管理者平时留个心眼，多去了解每个成员不同的特点和优势了！

Why——什么原因

制定目标可不是闹着玩的，它将决定团队未来的发展方向，所以，在定目标之前，一定要进行多方位的考虑，如为什么要制定这个目标、这个目标能给团队带来哪些好处以及还有没有更好的目标等。一个好的团队目标，不但能让团队更快、更好地发展，而且，还得符合团队当前的发展状况，切不可好高骛远，妄想"一口就能吃成一个胖子"，要知道，不切实际的高目标，只会让团队摔得更惨！

How——怎么做

一份完整的目标计划书，不仅仅只有具体的目标，还要有详细的操作步骤，不然，团队拿什么去完成它！因此，当目标的相关因素都尘埃落定后，团队就要开始考虑执行的问题了，也就是怎样才能更快、更好地完成目标。对此，团队需要考虑的因素有很多，如人力、物力的科学分配，成员们的合理安排，提高效率的方法，以及执行中可能会遇到的各种难题等。搞定了这些，方能确保万无一失！

管理红绿灯

目标管理究竟是什么？实际上，它不过是一种程序和过程罢了，而它最大的作用，就是能使团队或组织中的上下级一起商定目标，并由此决定各级管理者的责任和任务。对此，团队管理者需要注意的是，一定要明确每个人的责任，而且还要确保分配的任务科学、合理，否则，再周密的目标管理也达不到预期效果。

只要能实现，做第二也高兴

“

你们说要做世界第二，我很高兴。为什么呢？苹果年利润500亿美元，三星年利润400亿美元，你们每年若是能交给我300亿美元的利润，我就承认你们是世界第三！

”

对于团队而言，远大的目标不仅能帮助团队发展，更有利于成员们的成长，并且，定的目标越大，便越能起到激励的作用，完成后往往也能收获更多。然而，这并不意味着目标越大就越好，一个盲目追求高远、完全不考虑实际情况的目标，非但不能给团队带来任何效益，还会打击成员们的自信心，得不偿失。

2011年，华为在实现走向世界的目标时出现了危机，据资料显示，公司销售业绩开始呈现负增长趋势，其中，PSST运营商业务的销售额比其他同行下降了1%，所得收入完全低于预期。而另一方面，美国三大运营商之一的Sprint通信公司出于安全考虑，再次拒绝了跟华为合作，更不幸的是，其他两大运营商 AT&T 和 Verizon 公司也将华为拒之门外。

就这样，企业向美国扩张的目标以失败告终，这逼得华为不得不先停下前进的脚步。庆幸的是，这次的打击让华为开始反思，并重新审视自己的目标。经过努力，华为终于找到了失败的原因：由于事前没对实际情况进行了解，从而导致对美国市场盲目地乐观，于是定下了一个不切合实际的目标，怎么都完不成。

华为的“美国梦”破碎后，销售量也几近处于停止的状态，为了改善这一现象，销售团队根据市场情况与自身的实际状况，将企业未来 4 年的销售目标定为 100 亿美元，这比 2012 年制定的销售目标少了整整 50 亿美元。到了 2013 年，销售团队又修改了网络设备销售的长期目标，一口气就削减掉了1/3 的销售额。

华为销售团队之所以有这样的决定，是因为根据对美国市场环境的评估，制定这样的目标才最符合现实，也最能在给企业带来效益的同时，帮助广大员工成长。

实际上，不仅仅是华为，很多团队在定目标时，也常常会出现类似的失误：如目标定得过于远大，让成员无法完成；或是目标定得太小，团队几乎没什么收获。很显然，这些都是因为团队没有考虑到目标的可实现性，从而导致要么拼了老命都完不成目标，要么不费吹灰之力就实现了目标。由此可见，唯有准确拿捏现实与目标之间的分寸，才能制定出一个符合团队发展需求的目标。

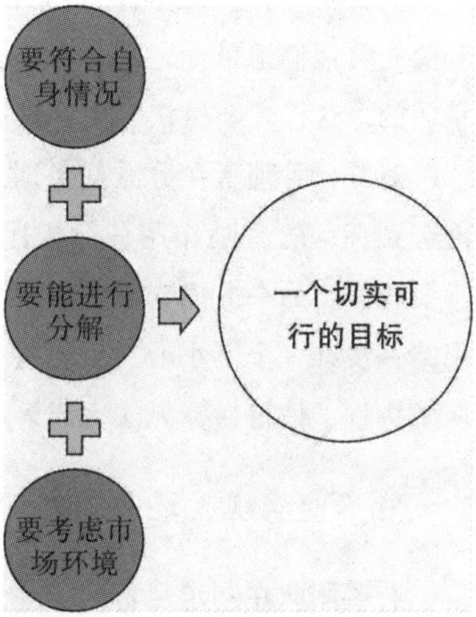

图 2－2　制定目标的三个要素

若想让目标既能实现，又利于发展，团队管理者就必须做到以下几点：

别盲目乐观，得符合实际情况

有些团队在制定目标时，经常会盲目地乐观，总觉得没什么能难得住自己，结果被现实狠狠地给教训了，摔了个“鼻青脸肿”。可见，团队目标一定要切合实际，既不能好高骛远，也不能过于保守，应根据自身的发展条件和当前的具体环境来定。

其实说白了，就是必须尊重现实。这就要求团队对自身的优势和劣势，以及对具体环境都要有一个充分的了解，这样，团队才能准确地把握目标的难度，从而达到突破自我和激励员工的目的。此外，团队在制定目标时，也要考虑员工的工作能力，切不可超出他们的能力范围，不然起不到激励作用不说，还会适得其反。

不要上去就啃，先分解一下

通常，企业团队制定的目标都很远大，像一大块肉，若直接把这个丢给员工们去啃，就算侥幸没被噎死，最后也难逃撑死的厄运。所以，团队管理者要先帮他们把目标之肉切开，然后将大块分给能力强的，把小块拿给实力稍弱的，这样才能更快、更好地完成目标。

对此，管理者在分派任务时，最好不要过于强调企业的总目标，虽然这能起到一定的激励作用，但相比员工内心的恐惧和慌乱，这点“蝇头小利”不要也罢。另一方面，管理者经常在员工面前提及总目标，还会扰乱他们的思绪，没准一个不小心，就把原本正确的想法给整歪了，反而拖慢了整个团队的进程，使得目标无法完成。

能不能实现，还得市场说了算

有些团队在制定目标时，常一味地考虑自身条件，而忽视了对市场环境的考察，结果照样摔了个四脚朝天，华为遭美国三大运营商拒绝合作，就是最好的证明。可见，一个切实可行的团队目标，不仅要从自身的实际情况出发，还得考虑当下的市场环境，唯有准确掌握市场的动态，才能让目标达到预期的效果。

要想做到这一点，团队管理者就必须在制定目标之前，大量搜集市场相关的资料，对市场展开全面的调查以及采取其他必要的手段，来了解和剖析市场，从而做到心中有数。对此，团队管理者可以从两个方面入手：一是了解市场的宏观环境，如人口数量、国家政策、经济发展情况等；另一个则是分析市场的微观环境，如大众的喜好、客户的需求等。企业若将这些都做得到位，便能将市场玩弄于股掌之间了。

管理红绿灯

不少团队在制定目标时，都喜欢一味地“贪大”“贪多”，结果实现不了不说，也浪费了大家宝贵的时间和精力，严重的甚至还可能会导致企业受创；而有些保守的团队制定目标时则恰恰相反，它们总怕目标设得太高不好实现，于是将目标定得几乎跟现状一样，最后目标倒是完成了，但企业却没有得到丝毫的发展。

实际上，一个切实可行的目标，只需满足两点要求即可：既不能太大，完全不尊重事实；也不能过小，没有丝毫的挑战性！团队之所以要制定目标，是为了长久的发展和壮大，若不遵循以上两点，再详尽的目标也达不到效果！

不执行，一切都是空谈

“

好的企业，不是看领导者有多英明神武，而是看其在执行力上有没有建树，执行力是企业高效运营的根本！

”

“没有执行力，就没有竞争力！”团队能否获得成功，60%要靠员工的执行力，执行力往往决定着企业的市场竞争力，通常，谁家的员工执行力强，谁就能获得最大的成功。其实，很多企业团队的目标之所以会失败，并不是因为战略不好或决策错误，而是员工的执行力实在太低，愣是活活地把目标给拖“死”了。

对此，华为就非常注重对员工执行力的培养，并且效果也十分显著。

每个华为人从踏进公司的那天起，便会受到执行力方面的培训，并且，他们的第一次培训课讲的就是执行力。华为大学有一条铁的纪律，每个新员工都必须遵守：培训期间必须穿皮鞋、西服、衬衫以及打领带！任正非认为，纪律是培养执行力的关键，唯有让员工们学会严格要求自己，才能有效提高他们的执行力。所以，即使培训结束，走上工作岗位的新员工，也必须遵守公司的其他纪律。

华为对研发团队的执行力尤为关注，对此，任正非说："无论是新员工，还是老员工，都应该把自己当作一名职业人，认真执行每一项任务！"在这一理念的指导之下，华为要求员工必须时刻保持自己的研发价值观和企业、市场价值观一致，若有人利用公司资源去研发其他的产品，那么，管理者就会请他去办公室"喝咖啡"，而对于那些屡教不改的员工，华为则直接让他们卷铺盖走人。

在任正非的不断努力下，华为逐渐摸索出了一套既符合国际标准，又独具企业特色的执行力制度。这一制度能让华为从上到下相互监督、互相合作，从而有效提高员工的执行力，以确保公司尽快实现自己的战略目标。随着华为的不断壮大，这套制度也随之变得愈发完善，以至于华为人的执行力越来越强。对此，任正非骄傲地说道："华为的执行力，敢和任何世界一流的大企业叫板！"

可以说，华为强大的执行力，得益于严格的制度和对员工系统化的培训，这不仅让员工养成了良好的习惯，还使得企业迅速地发展壮大。其实，越是大型的企业，面临的竞争就越激烈，要想保住自己的龙头地位，就必须不断提升员工的执行力，唯有如此，企业才能获得强大的竞争力，从而做到不惧任何对手！

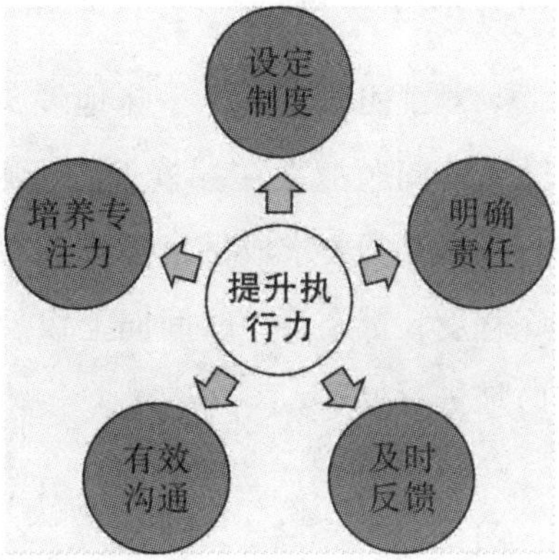

图2-3　团队提升执行力的方法

然而，要拿什么来提升员工的执行力呢？管理者不妨从以下几个方面入手：

设定制度，给执行力一个保障

通常，有纪律的团队执行力都颇高。为什么呢？因为遵守纪律的人，大多已养成良好的职业习惯，即便没人拿鞭子在后面抽他，他也会自动自发地去干活！可见，纪律和制度是执行力的重要保障，唯有让员工服从制度、服从管理，才能让大家心往一处想、劲儿往一处使，如此一来，又何愁目标的执行力会弱呢?

但需要注意的是，团队设定的制度一定要具体化、透明化，这样才有利于员工更好地去遵守。要做到这点，团队就不能自说自话，得多征求员工的意见。

明确责任，减少不必要的麻烦

很多时候，并不是员工不想去执行，而是不知道该从哪儿下手，所以，要想提升员工的执行力，团队就必须做到明确分工，让每个人都知道自己的责任。这样一来，即便是出现了问题，也能尽快得到处理，从而减少不必要的麻烦。此外，明确责任还能起到一定的鞭策作用，并且让员工没法找借口不去执行。

及时反馈，别让问题拖垮了目标

对于团队来说，一味地埋头苦干未必能提高执行力，唯有及时地反馈，才能将问题扼杀在摇篮里，否则，它们很有可能会拖垮团队的目标。对此，管理者必须要求成员每完成一项任务，无论完成得好不好，也不管完成到什么程度，都要第一时间向上级反馈。而上级则要针对成员们反馈的问题，及时地进行处理。

有效沟通，才能更畅快地执行

但凡有人的地方，就少不了沟通。若不能进行有效沟通，别说提升什么执行力了，没准时间都会浪费在“补洞”上。反之，若团队上下沟通顺畅，大家都朝着一个方向使劲，干起活来自然也会更加卖力，到那时，又何愁执行力不高？除此之外，有效沟通不但能快速地解决问题，而且，还能减少工作中的小摩擦。

培养专注力，让员工不打折扣地执行

在执行力强的团队，成员们一定会专心致志地工作，哪怕只是一个很小的任务，他们也会全力以赴地完成。为什么呢？因为专注是提升执行力的先决条件！对于团队而言，就算将以上因素全都做到了位，也架不住成员的三心二意，任凭你花样百出、使尽各种手段，他们也照样开小差、心不在焉。所以，管理者要想提升员工的执行力，还得培养他们的专注力，这样才能让他们不打折扣地执行。

管理红绿灯

制度只能对执行力起到保障作用，团队要想真正地提升执行力，就必须让成员服从它的管理，否则，制度就只是一个摆设。对此，管理者应做到以下几点：

首先，设立专门的监管人员，以监督和指导目标执行人的工作，对此，管理者可给予监管人适当的权力，方便他们开展自己的工作；其次，对实施目标的过程进行管控，以确保执行人能严格按制度工作，对此，管理者可制定工作流程图，方便记录员工的执行情况；最后，对目标执行人进行定期评估，以使他们不折不扣地执行，对此，管理者可制定执行报告书，从而全面了解他们的执行情况。

设个期限，看谁还敢再拖

“

员工录用分派工作后，必须立刻赶赴分配的单位工作，不得无故拖延推诿！

”

这人哪，多少都有点拖延的臭毛病，这搁在生活中也许没什么，但对于工作却是大忌。在执行目标任务时，只要团队里有一个人拖延，便会影响整个团队的进度。若像这样的员工，团队里有一打，猴年马月才能实现目标！所以，管理者在分派任务时，一定要设置完成的期限，并要求员工按时完成，否则就要受到相应的惩罚。唯有如此，才能让员工产生紧张感，从而不敢再浪费时间。

当然，有时也不一定是员工的错，而是管理者自己没有时间概念。

小斌已经在华为工作多年，虽然没能功成名就，但也算得上是前途无量了。原本他的小日子过得很舒适，顶头上司对他十分器重，可天有不测风云，这位顶头上司升迁了，去了另外一个部门，那位新来的上司什么都好，就是没什么时间概念。起初，他觉得这不是什么大毛病，只要自己努力工作，照样能获得新领导的青睐，可谁知，事情远没有他想象的那么简单，甚至可以说是难于上青天。

到底是怎么一回事呢？原来，小斌是个“拖延症”患者，以前那个领导的时间观念很强，只要有任务下来，他总会给每个人设定完成的时间，为了能通过公司的绩效考核，小斌想尽了千方百计来抑制自己的“拖延症”。可现在的这位上司没什么时间观念，一切都要靠自己把握，于是，小斌的老毛病又复发了！

也许，对于一个自控能力强的员工来说，有没有时间的限制，他都是一样地工作，可对像小斌这样的“拖延症”患者而言，明确的时间期限就是一剂良药，能有效抑制病情的蔓延。事实上，无论下达的项目任务多简单，也不管项目被分解得多细，若管理者没给任务定个合理的完成期限，那么，整个团队的工作效率就会变得低下，很多员工也不知道该如何安排自己的工作，才算得上合理。

可见，给每一个项目任务都设个期限，是很有必要的！这不但能让员工有一个明确的时间概念，从而督促自己在规定的时间内完成任务，而且还有助于培养他们良好的职业习惯，学会管理自己的时间！只不过，有时候即便是定了期限，员工也会习惯性地拖延，给自己找各种理由或借口，最后一看没时间了，只好草草地结束了任务，结果里面自然漏洞百出，甚至严重的还要返工重做！

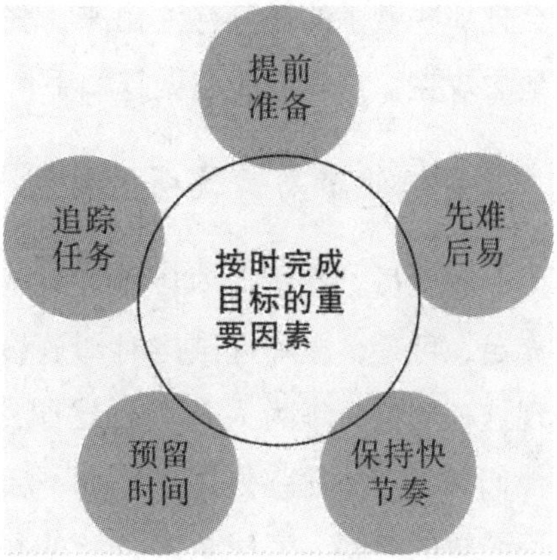

图 2－4　团队如何才能按时完成目标

对此，华为人可不怕，因为他们有一套自己的心得，我们大可以借鉴之！

准备得越充分，就能越快完成

在执行目标任务前，华为人都会先做准备，将工作按轻重缓急的顺序列在工作清单上，而且，他们还会标明每项任务所需要的资料和工具。为了能按时完成任务，有些员工会在任务上贴个“便利贴”，以提醒自己要注意些什么；还有些员工会给每项任务都定个期限，并将具体的日期贴在日程表上，以督促自己！

所谓“有备无患”，凡事有个准备，才能避免出状况时措手不及，并能有效提高工作效率。对于目标来说，准备得越充分，就越能节省时间，从而能越快地完成它！

先难后易，才能越做越顺手

很多人在执行目标任务时，不知是受应试教育的影响太重，还是单纯地出于一种习惯，都喜欢先易而后难，因为他们觉得这样节约时间。殊不知，这种想法应付考试还行，却并不适用于完成工作目标，后面的时间只会越来越紧，拿来“啃硬骨头”压根就不够用。所以，华为人在定任务清单时，常会把那些棘手的任务标注出来，先给它们留出足够的时间，然后再一个一个地去攻克，这样便能越做越顺手！

要想效率高，就得保持快节奏

有些员工在执行项目任务时，前面一直都保持着快节奏，所以时间非常充足，可是，在临近结尾时却放慢了脚步，工作效率越来越低！为了避免出现这种现象，华为人从头到尾始终都保持着快节奏，直接一口气完成任务。他们既不会中途跑去休息，也不会转身换下一个任务，这便是他们为什么能用最短的时间，完成最多任务的秘诀！其实每换一次工作节奏，就等于要重新调整自己，效率不低才怪！

预留时间，别让突发事件毁了你

在设置目标任务的时间时，大多数员工都觉得越短越好，以致将每项任务都卡得死死的，谁知，却被一个突如其来的难题给直接“撂倒”，无奈之下，只好先占用一下其他任务的时间，结果占着占着就补不回来了，而其他任务也都乱了套。对此，华为人就聪明很多，他们懂得事先预留时间，以确保任务能如期完成！

时刻追踪任务，以确保目标的进度

生活中，即便是记性再好的人，也难免有时会落点东西，更何况是每天要面对大量工作的华为人呢！如果一不小心忘了给目标任务定期限，怎么办？对此，他们可是一点都不怕，因为他们早已养成时刻追踪任务的习惯，这照样能确保目标的进度！只不过，管理者在跟进度时，一定要有时间的概念，如不宜问“任务进展得如何了”，而应该直接问“任务什么时候能完成”，以避免遭到员工搪塞！

管理红绿灯

注意，在设置目标任务的期限时，要根据员工的能力和任务的难易度来定，切不可自己想当然地决定。要做到这点，团队管理者就必须多跟成员沟通，平时也要多留心观察。而对于那些不能按时完成任务的团队成员，管理者可以给他们定个最后的期限，最好是让成员自己来定，并做出承诺，这样便不怕他们会拖延了。

把目标切开，才能大口地“吃”

“

相对于大目标而言，小目标更便于员工去执行、去完成！

”

要知道，任何目标都不可能一蹴而就，尤其是那些美好、远大的目标，往往更需要付出超乎想象的努力，以致很多团队在实现的过程中，最后都败在了现实的手里。其实，他们也不想半途而废，只是这目标太难达成，让人总觉得成功遥遥无期，再加之内忧外患的煎熬，都逼着他们不得不放弃。殊不知，就算你的目标比天还大，但只要把它像“切”比萨那样，分成一小块一小块的，还怕“吃”不了？

作为常年招收人才的大企业，华为简直可以说是“人满为患”，人少的时候还不觉得什么，这人一多才发现不太好管理，于是忙坏了人力资源部的员工们，结果忙中频频出乱，导致工作效率非常低！对此，高层领导很不满意，并亲自给他们定了个目标：1 年之内，必须将工作效率提升 2 倍，否则“提头来见”！

接到任务后，人力资源部为了能如期完成目标，上至各部门领导，下至最基层的员工都纷纷行动了起来。其中，有位经理想出了用数字说明工作完成情况的方法，他的工作安排计划书里，开始出现各种新的细化指标。例如，以前的“是否招到人”变成了“招聘成功率”；“有没有人离职”变成了“员工离职率”，等等。

从那之后，人力资源部的很多考核指标都开始慢慢细化，比如每个月的常规工作——信息提交，以前对这项工作的考核标准是“有没有上报”，大家为了能通过考核，即使信息还没来得及变更，也硬着头皮交了上去，从而导致很多信息都没起到该有的作用，并且，一旦信息出现问题，也很难找到具体负责人！

为了避免出现这种情况，人力资源部总监决定把员工考核指标进行具体化，也就是把考核标准分得更细致一些。他是怎么做的呢？首先，将原来的“报”与“不报”，细化成“信息的准确度”“信息有没有及时更新”“信息是否按时上报”等；然后按照这些标准来给员工进行评估，并用A、B、C、D、E、F等字母来评分。这个方法一出，人力资源部的管理者简直对员工的工作情况了如指掌！

就这样，华为人力资源部的员工利用各种量化、细化的手段，提前完成了高层定下的目标。同时，整个华为都纷纷效仿人力资源部，更好地去完成工作！

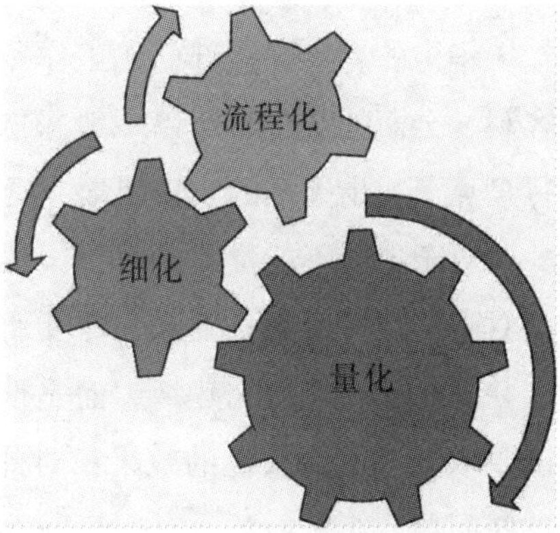

图2-5　提升团队执行力的方法

相信华为人力资源部的成功，足以说明把目标“切开”的好处了。其实，对于任何企业团队来说，这都是有百利而无一害，它不但能降低实现目标的难度和高度，从而让成员更好地去完成，而且，还有利于管理者进行考核，以做到能时刻检验目标的完成程度。至于怎么来“切”这个目标，华为绝对堪称“高手”，它“切”得是既科学又合理，它究竟是怎么做的呢？咱们一起看看吧！

量化

所谓量化，就是把事物进行数字化，其实说白了，就是能用数字的尽量别用文字。当团队制定目标后，如果能把它进行具体的量化，那么，成员在执行时就有了一个确切的标准，从而知道自己什么该做、什么不该做以及应该怎样去做，同时，他们还可以将自己的完成程度和目标进行对比，以缩短彼此间的差距。

华为人在量化目标时，一般会从数量、质量和时量这三方面来进行。其中，数量包括产量、次数、频率等，如产品的产量、团队的销售额、员工考核的合格率等；而质量包括客户的满意度、产品的合格率等，如研发一批新产品，要求合格率达到百分之多少才算完成；时量包括目标完成需要的天数、周期等。

需要注意的是，量化的对象必须是可以数字化的目标，不能太过空乏！

细化

华为的有些职能部门，工作相对比较烦琐，无法在制定目标的时候进行客观、全面的量化，所以一般采取目标细化的方法，即对各个职位的工作进行盘点，找出关键的实现因素，运用合适的指标对目标进行细化。

对于那些不能量化的目标，团队可以将它们细化。什么是细化呢？也就是对事物进行分解，变成一个更详细、更具体的新事物！其实很多时候，员工并不是没有能力和热情，而是他们对未知情况本能地恐惧，以及不知道自己要取得一个什么样的效果！对此，只需将目标进行细化，便能有效地解决这些问题。

那么，目标细化的好处有哪些呢？执行人既可以明确自己的目的，又能有效掌控自己的完成进度，并且目标分得越具体，执行人就会觉得越容易实现。所谓目标细化，就是找出实现目标的关键因素，再根据它们对目标进行分解，如上例中将“报”与“不报”分解成准确度、有没有及时更新、是否按时上报等。

流程化

在华为，研发部曾开发过一种新产品，由于在研发过程中状况颇多，以致没能按时出成品，结果等到终于可以大量生产时，却已错过了最佳时机，卖出去的数量几乎可以忽略不计，于是整批货都堆放在仓库里。事后查明，原来是研发体系出了问题，任务发下来后，大家都各干各的，自己想怎么干就怎么干，只要能完成就行，最后这个出错要补救，那个出错也要补救，直到过了完成的期限。

如果目标既不能量化，也不能细化，那就可以采取流程化的方式了。对于团队而言，按照固定的流程去操作，不但可以省时、省力，而且还能避免那些不必要的麻烦。对此，管理者要做的就是，必须确保每一个流程的存在价值，从而使整套流程简单、实用，同时，还要制定流程的操作标准，定期对员工进行评估。

管理红绿灯

虽然把目标“切”得越小，越有利于员工去完成，但也不能分得太细、太小了，这样不但会增加员工的工作负担，而且也不利于管理者后续的跟踪追查。对于目标，无论是量化、细化还是流程化，都必须遵从合理这一原则，绝不能为了追求效果，盲目地去乱“切”，否则非但达不到目的，还可能会适得其反。

必要时，给目标来个“微整形”

> 所有目标都不是一成不变的，在必要的时候，必须对它进行优化和调整！

在完成目标的过程中，团队或多或少都会遇到一些阻碍，如果只是几个小毛病倒无所谓，可要是遇到了重大事故，或发现了严重问题，那该怎么办呢？难道明知道这条路行不通，也要硬着头皮继续走？当然不行，这让员工做无用功不说，更损害了企业的利益！对此，最好的办法就是给目标来一个“微整形”！

所谓“微整形”，其实就是对目标进行适当的调整。当团队发现目标有误，或是原定的计划实现不了目标时，便要审时度势，对目标做出相应的调整，这样不仅能减少对其他目标的影响，降低企业的损失，还可以保存员工的实力，为完成新的目标任务打下基础。对于这一点，华为就做得很好，不信向下看。

早期，华为团队在开拓国外市场时，将目光锁定在了南美洲的一个国家，想以它作为跳板，打开整个南美洲的市场。经过多年不懈的努力，华为终于跟当地的客户打成了一片，只不过，真正愿意合作的客户规模都非常小，那些大企业和大客户们一谈到合作，不是赶紧换话题转移视线，就是找各种理由或借口搪塞过去。

为了打破这个尴尬的局面，华为市场团队对目标进行了调整，决定不再浪费时间和精力在小客户身上，而是向那些资力雄厚、资源丰富的重要运营商们投去橄榄枝。经过几番波折，终于可以跟某个重要运营商直接对话了，华为本打算以自己的技术和能力去征服对方，可对方压根就不相信华为的实力，不愿意合作。

无奈之下，华为市场团队再次对目标计划进行调整，将“征服”策略改成了打“温情牌”。这牌要怎么打呢？最终决定带这位大客户去中国“游玩”一番！并且，还早早制定好了路线。于是，市场团队沿着北京—上海—深圳这条主线，带着大客户参观了中国发展得最好的那些城市，这一路走来，大客户直呼大开眼界！

果不其然，经过一番“游玩”后，这位大客户当即表示愿意跟华为合作！难道真的是“温情牌”打对了？其实并非如此，而是这位大客户对中国不太了解，他对中国的印象，还依然停留在20世纪，所以才会不相信华为的实力；但经过亲身体验后，他才知道中国早已发生翻天覆地的变化，同时也相信了华为。

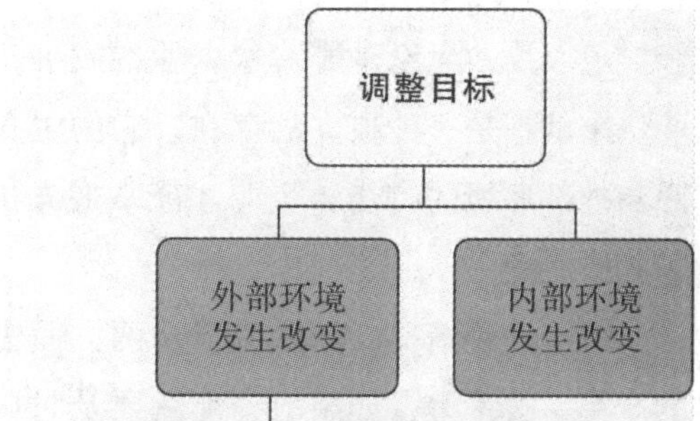

图2-6　调整目标的必要条件

一直以来，华为都不是一家“一根筋”的企业，它深知要在适合的时机去做合适的事，即便有时会打乱一些阵脚，它也在所不惜，因为在华为看来，没什么比企业的利益更重要！所以，当它发现外界环境和市场发展趋势跟公司的战略目标发生偏离时，便会毫不犹豫地采取措施，调整目标，以免在错误的轨道上越走越远。

那么，究竟遇到哪些情况，咱们才需要给目标来个“微整形”呢？

尽量不要动目标

要知道，目标大多都跟企业的利益息息相关，且各目标之间常有着千丝万缕的联系，只要你动了其中的任何一个，便会对其他的目标造成影响，从而牵一发而动全身。对此，企业团队只有两种选择：一种是将所有目标都进行调整；另一种则是干脆全部推倒重来！对团队来说，无论选择哪一种，都会像剥掉自己的一层皮一样痛苦！

所以，作为团队管理者而言，尽量不要去打目标的主意，且不说这会增加成员的负担，打击他们的工作积极性，仅仅消耗大量资源这一项，团队都会有点吃不消。实际上，每个团队目标都不是随随便便定的，而是经过深思熟虑、严格预测、严密考察筛选出来，一般情况下是不会出现什么问题的，因此，也就没有调整的必要，管理者切不可为了点鸡毛蒜皮的小事而改变目标，这将得不偿失。

外面的世界变了

通常，这是指企业外部发生了变化，如市场环境、国家政策、客户要求等。可以说，无论是哪一家企业的发展，都不能脱离外部的大环境，因为企业从来就不是一种独立的存在，它的生存和发展皆离不开大环境，唯有紧紧跟随外部环境的脚步，企业才能掌握先机，并迅速占领市场，从而让自己立于不败之地。

对于这种情况，团队可以从两方面去衡量：一方面是市场上有没有同类的产品、技术等，如果有，那就要及时调整目标，或干脆直接放弃原定的目标，即便你再不甘心，也必须这么做；另一方面是有没有重大的突发事件，如客户变卦、爆发经济危机等，这时，团队也要调整目标，并且，还得根据当时的具体情况来进行整改，修改后的新目标一定要既符合现实，又不会动摇企业根本！

企业内部发生了变化

很显然，这是指企业内部发生了影响目标的大事，如重大变革、管理结构调整，以及一些无法预料的天灾人祸等，这时，团队若不调整目标密切配合，势必会拖企业的后腿，到那时，受伤害的就不仅仅是参与目标执行的人，而是整个企业的员工了！所以，遇到这种情况时，一定要先以企业为重，切不可有私心。

然而，这并不表示就可以胡乱地调整目标，还是得规规矩矩地按程序办：首先，目标执行者必须向上级提出修正目标的申请，并在申请中说明原因和需要调整的内容，以及具体的修整方案等，待上级首肯后才能开始行动；其次，若目标的修改涉及其他部门，则要提前跟相关的部门进行沟通，好让他们做好准备。

管理红绿灯

虽然调整目标既有益于团队，又有助于员工，但也不能调整得过于频繁，要知道，目标本身具有一定的严肃性和确定性，如果随意更改目标的内容，它这两种性质就会遭到破坏。对于成员来说，团队改一次目标还可以接受，改两次便会产生怀疑，改三次他们就会觉得“这应该不是什么重要目标”了，到那时，他们自然不会再像以前那样卖力地干活，更不会严格地照章办事了，而是能偷懒就偷懒。

华为目标法：聚焦关键点

“

华为作为一个能力有限的公司，作为一个拥有15万名员工、年销售收入接近2400亿元的大公司，决定聚焦什么，以及放弃什么，比什么都重要！

”

不少团队在制定目标时，都会把目光放在做大、做强或做行业第一上，仿佛唯有这样，才能更好地发展，获得更丰厚的利润，以致很多管理者认为，只要能壮大团队的事，自己都应该去做；但凡是能挣到钱的项目，自己都应该去分一杯羹！殊不知，这种想法大错特错，过多地分散资源，对团队并没有什么益处。

无数事实都在证明，将鸡蛋放到很多篮子里的目标管理法，非但不能提升团队的整体实力，反而分散了资源、打乱了自己的阵脚，且不说那宏伟的目标能不能实现，没准连活下来都很难！对此，任正非深表赞同，并说：“华为需要像凸透镜一样，将太阳的能量聚焦成一个点，这样就不仅仅是一束光的能量了！”

然而，并非人人都能像任正非看得这般通透，有些人偏不信这个邪，结果惨败！

从2011年开始，不少浙江企业相继宣布破产，其中不乏实力雄厚的知名企业，这是怎么一回事呢？外界纷纷猜测东南市场当时进入了整合期，实际上，那些企业的倒闭跟这任何关系都没有，就是它们的投资团队“作死”，有点钱就乱投！

其中，有家在国内电子制造业小有名气的公司——浙江天石电子公司。原本它在自己行业发展得相当好，几乎一年能挣个三五百万元人民币，但它赚到钱以后，并没有把资金重新投入公司当中，而是将目标转向了其他的行业。财大气粗的天石投资团队觉得，只往一个行业里砸钱不过瘾，于是，一口气砸了好几个行业！

谁承想，那些行业一点也不争气，除了极少数能挣些钱以外，其余的竟然连“咚”都不“咚”一声，天石电子公司投入的资金，转眼就全都打了水漂。恰恰就在这时，公司接到一个大单子，需要资金去购买原材料，可钱都被卡在那些投资上，一时半会儿还拿不出来，老总想尽了各种方法都没辙，最后只能退单。

从此以后，麻烦接二连三地找上门来，公司终于扛不住了，宣布倒闭！

其实，不仅仅是浙江天石电子公司，甚至不只是中国的企业，世界上大部分企业都不是败给了现实，而是败在了自己的手里。通常，这些企业团队都有一个坏毛病，那就是“眼睛不聚光”——找不到有利于企业发展的关键因素，从而导致制定的战略目标偏离了轨道，将时间、精力和资金都浪费在了不相干的事上，甚至还拖垮了企业。

对此，任正非只想告诉他们：一个企业不可能在每项业务上都做到行业领先，因此，必须学会专注！他不仅这样说，更是这样去做的。为了使企业更好、更快地发展，华为团队在制定目标时，采取了“调整业务体系，剥离非核心业务，建立核心竞争力”的战略，将大部分精力、资源都从非核心业务中抽离出来，投到那些有利于企业发展壮大的核心业务中，让所有华为人都朝着同一个方向使劲。

华为刚创立时，中国的信息行业并不发达，甚至可以说有点闭塞。对此，很多人都觉得做这行没什么前途，尽管如此，早已选定目标的任正非也没有反悔，还是认准了通信业这一行！难道任正非脑子被门挤过，没前途的事也干？答案显然是否定的！其实，他就是看中了当时通信业少人涉足，成功的概率比其他行业高！

任正非很清楚，唯有将目光死死盯住自己的行业，才能让公司获得更多、更好的发展。于是，他带领着华为人坚持不懈地努力，并将所有的资金和技术都投入其中，十几年后，华为终于成为一家国际化的企业。这时，正是中国房地产崛起的时刻，很多赚了点钱的同行，都奋不顾身地一头栽了进去，但任正非却不为所动，依然坚守着自己最初的目标，带领着华为人勤勤恳恳地埋头苦干。

为了让华为人都聚焦在核心业务这一关键点上，任正非可谓是绞尽了脑汁，他将华为的产品安装、调试、维修和检修等非核心任务，统统都交给了通信工程公司或华为员工内部创业的公司，而自己则一门心思地扑在那些核心目标上。就这样，华为从曾经的只有一家子公司，变成了现在足迹几乎遍布世界各地的大公司！

在世界500强企业中，还有很多企业像华为一样聚焦关键点，如国外有以汉堡为主的肯德基，专注于饮料的可口可乐；在国内，也有专门经营家电产品的海尔、一门心思扑在空调技术上的格力等。它们将优势力量都投到核心领域，坚持以企业发展为最终目标，既不干投机倒把的勾当，也不搞分散投资的活动。

很多时候，企业为了获得长足的发展，通常不会只定一个目标，目标多不要紧，但必须找到关键的那几个，绝不能盲目地来一个做一个，各种资源都得紧着那些关键的先用，否则，就会被白白地浪费掉，让企业“偷鸡不成蚀把米”。若想做到这一点，管理者就必须给团队明确指出目标的关键点，唯有如此，才能保证他们将资源用在对的地方，不然便会盲目地投入，将企业逼上一条绝路。

但凡喜欢手表的人，可能都有过这样的经历：如果自己只有一只手表，看一眼就能知道现在的准确时间；可要是自己有两只手表，而且它们的时间还不一样时，那就很难确定究竟是几点了。其实，这就是著名的“手表效应”，它给予企业团队的启示是：凡事都要懂得分主次，得把目光多放在能决定成败的关键点上！

管理红绿灯

很多时候，其实并不是企业团队不想聚焦关键点，而是压根就找不到关键点，对此，华为的答案是企业的核心技术和主要业务便是关键点。要知道，核心技术是提升企业竞争力的重要因素，若没有它，企业要拿什么去跟对手“抢地盘”？而主要业务是企业生存的必要条件，有了它，企业才能获得长久、稳定的发展。

所以，企业团队在制定目标时，一定要将重点放在核心技术和主要业务上。

第三章

绩效：能倒出来的才是饺子

「

茶壶里煮饺子，倒不出来就不算饺子！

」

发展要均衡，抓住短木板

“

各部门、各科室、各流程主要领导都要抓薄弱环节，要坚持均衡发展！

”

众所周知，要想一个由不同木板组成的木桶盛满水，木匠首先要做的，就是去改进其中最短的那块木板，为什么呢？因为决定木桶能不能盛满水的关键，不是最长的那块木板，而是最短的那块！没错，这就是著名的管理学定律——“木桶法则”！对于团队来说，要想获得长足的发展，就必须去抓那些薄弱的环节，使企业始终保持均衡的发展，否则，一旦对手发现了你的软肋，你将必死无疑！

显然，有着丰富管理经验的任正非，早就已经洞悉了这一点，所以，他才会如此提醒华为人：“在管理改进中，一定要强调改进我们木板最短的那一块。不断地强化以流程型和时效型为主导的管理体系的建设，在符合公司整体核心竞争力提升的条件下，不断优化你的工作，提高贡献率！”正是在他的指导之下，华为才坚持要帮员工改正缺点，不断优化绩效考核中的薄弱环节，增强竞争力。

在华为，任正非十分注重企业的均衡发展，虽然他多次强调要把优势资源集中在企业的优势领域，但同时，他也经常告诫华为人，绝不能把希望都放在某一方面的优势上，而应当帮助企业实现均衡发展，唯有如此，它才能逐渐壮大！

为了实现企业的均衡发展，任正非狠抓绩效，并表示："公司从上到下都重视研发、营销，但不重视理货系统、中央收发系统、出纳系统、订单系统等，这些不被重视的系统就像短板一样，前面干得再好，后面发不出货，还是等于白干。因此，公司一定要建立起统一的价值评价体系、统一的考评体系，才能使人员在内部流动上平衡成为可能。所以说，每一个链条都是不可或缺的！"

除了企业发展外，任正非也十分注重弥补员工的不足，经常安排他们去参加一些培训，以不断提高他们的技术和能力。对此，有位资深的培训师在课上指出："我们最薄弱的关键环节将影响到我们的工作业绩。在七大关键绩效区间里，我们可能有六个方面都表现得很好，但我们的总体业绩却取决于最薄弱的环节。"

其实，为了让华为获得更好地发展，任正非不仅纠正员工思想上的错误，还实行轮岗换位和定期培训等制度，帮助他们发现自身的弱点，并给予及时的改正！

其实，一直以来，任正非都在团队的短板上下苦功，尤其是在绩效考核这方面，因为他觉得，唯有建立统一的价值观和操作流程，才能尽量降低短板的出现概率，帮助企业维持均衡的发展，而要想达到这一目的，最简单有效的方法便是绩效考核！正因为如此，任正非对绩效考核上的短板几乎是"零容忍"，但凡出现一点瑕疵，他都会立刻予以纠正，即便没问题，他也会不断地优化和改良。

不仅如此，对于团队的优势和劣势，任正非也看得很通透，他认为："看到对手的长处，找到自己的短处，再把自己的短处变成长处，若真能做到，便没有不能打败的对手！"相信明眼人皆能看出，其中最关键的一环，就是要把短处变成长处！如何才能做到这一点呢？就绩效制度而言，管理者应注意以下几点：

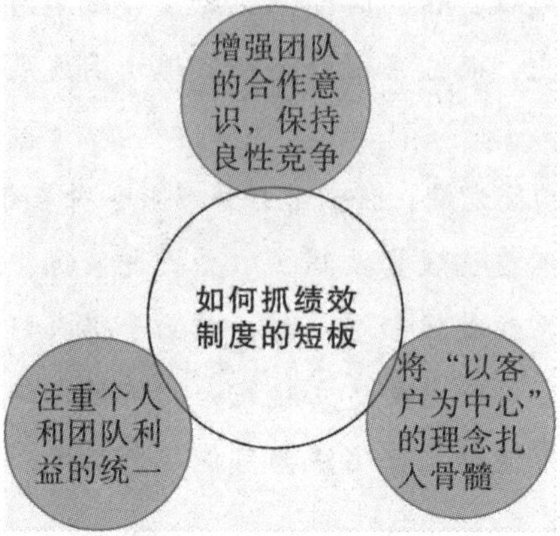

图 3－1　弥补绩效缺陷的方法

增强团队的合作意识，保持良性竞争

其实说白了，绩效考核制度就是鼓励员工相互竞争，这难免会破坏员工彼此之间的信任，若往轻了说，可能会引发不必要的内部小摩擦，往重里说则会导致企业失去团结合作的精神。有些人或者团队甚至还会为了追求高绩效，造成钩心斗角、彼此伤害等不良现象。很显然，这些都不利于团队健康、稳定地发展。

不可否认，竞争能激发员工的工作积极性，可大前提是竞争必须是良性的，恶性竞争非但激励不了员工，还会严重损害企业的利益。所以，管理者一定要注重增强员工的合作意识，必要时，不妨采取一些严厉的手段，如加大对恶性竞争的惩罚力度或一经查实立刻让其卷铺盖走人等，让团队保持良性竞争，以维持内部的和谐。

注重个人和团队利益的统一

通常，绩效考核考察的对象除了个人，还有那些由个人组成的团队，当个人利益与团队利益一致时，绩效考核制度也许还能起到监督和激励的作用，可一旦两者的利益发生冲突，有些人便会选择铤而走险，只顾着给个人绩效添砖加瓦，将团队抛诸脑后，甚至不惜损害团队的利益，以让自己获得更高的绩效成绩。

要想避免这种情况，管理者就必须在设定绩效制度时，注重个人利益和团队利益的统一，事先做好充分的准备工作，切不可想当然地制定考核标准。然而世事无绝对，管理者不可能做到将个人与团队彻底分离，所以，在设定绩效考核时，管理者还应侧重个人在团队中的表现，以将个人和团队的利益捆绑在一起。

将“以客户为中心”的理念扎入骨髓

绩效考核往往都跟员工的薪资挂钩，面对金钱的诱惑，有些员工会盲目地追求高绩效，哪怕会损害客户的利益也在所不惜，以致降低了客户的满意度和信任度，给企业的形象蒙上了一层阴影。要知道，不管团队的内部闹得有多凶，都只属于“家丑”的范围，自己遮一遮也就过去了，可一旦涉及客户，那性质便完全不一样了，将会直接危害企业的发展，甚至还会带来不可逆转的严重后果。

对此，管理者要做的就是要以文化、考核、严惩等手段，将“以客户为中心”的理念，深深扎入每个员工的骨髓之中，唯有如此，才能让他们做到视客户为上帝，并养成凡事以客户利益为重的良好习惯，从而确保企业在客户心目中的地位。

管理红绿灯

对于团队而言，抓住短木板无疑有利于发展，但需要注意的是，这并不意味着就不用去理会长木板。要知道，一个木桶能不能盛满水，看的不仅仅只有短木板，还得不断地修整那些长木板，以使木桶具有良好的封闭性。也就是说，要想获得长足、稳定的发展，管理者也要不断强化团队的优势，使其更具竞争力。

来点刺激，效率会更高

“

激励制度没有一个统一的标准，只有合适的，才是最好的！

”

通常，员工每天的工作既简单枯燥，又索然无味，也许刚开始时，大家还能在绩效考察的驱使下努力干活，可过了一段时间，内心的那点畏惧就会被磨得一干二净，即使有几个表现不错的人，也是强打起精神硬着头皮继续干。此时，管理者若不给员工来点刺激的，就算考核再严苛，也会频频出错、麻烦不断！

要想让员工保持工作的激情，仅靠那些冰冷的管理制度是不够的，还得时不时地给他们一些激励。无论是升职加薪也好，还是高度强压也罢，只要能刺激一下员工，就可以提升他们的工作积极性，从而使他们工作更加认真、卖力。但激励也不能胡乱地实施，得先了解不同员工的不同需求，再具有针对性地投其所好才行，例如：爱财的就直接发点奖金，好面子的就当众给予表扬，等等。

作为龙头老大，华为在很多方面都表现突出，激励员工自然也不在话下。

众所周知，华为的工资之高，在行业中那是数一数二的，每个月拿几万元的人一大把，甚至一个刚毕业的硕士，年薪就可以达到10万元；华为有一种很高明的激励手段，那就是人人持股，只要是正式员工，都能持有华为的股权，年底大家一起来分红……不得不说，华为为了激励员工，可谓是煞费苦心。

华为的激励手段还远不止这些，华为还经常派遣员工去国外工作，以培养和训练他们的各项能力。此外，华为还实行了“轮岗制”，员工不会在同一个岗位上待太久，有时只是普通的内部调换，有时却是换去另一个城市。显然，对员工来说，换岗位就等于一切都要重新来过，但同时，这也意味着能时刻保持新鲜感，在好奇心的驱使之下，他们很容易找到工作的激情和产生工作的积极性！

实际上，不仅仅是华为，很多企业团队都有自己的“激励法”，只不过，有些管理者的激励手段太过拙劣，非但起不到任何作用，还造成了跟预期相反的后果。现实生活中，有不少上司便是如此，如怀疑下属的工作能力，以刺激他们更努力地干活；或对下属的贡献装作视而不见，以挖掘他们身上更大的潜力；等等。

看到这儿，有人可能忍不住会问：究竟怎么激励，才能达到预期的效果呢？不妨试试下面的做法：

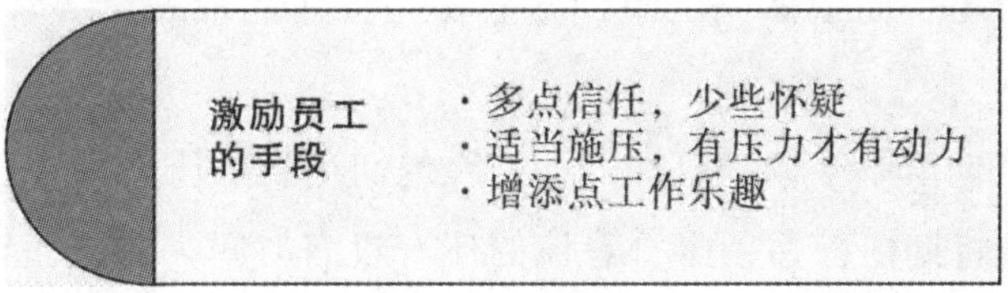

图3-2 团队管理中激励员工的手段

多点信任，少些怀疑

很多管理者在分配任务时，都会下意识地去问团队成员："你可以吗?"其实，管理者并不是怀疑员工的能力，而是在对他们使用"激将法"，好让他们挖掘出自己最大的潜力。的确，这对自尊心强的人简单有效，但对其他员工却不一定好用。面对巨大的工作压力，他们每天累得都睁不开眼睛，压根就没心思去猜领导是何用意，听到类似这样的话，或许他们只会觉得领导是在怀疑自己的工作能力。

殊不知，相比"激将法"的怀疑，绝对的信任更能起到激励作用！可以说，每个员工都渴望得到上级的肯定和重视，即便只是一句简单的"我相信你"，也能让他们千方百计地突破自己，从而更好地去工作、去完成任务。所以，赶紧丢掉那些个破"激将法"，用你真诚的鼓励和信任，去打动团队里的成员吧！

适当施压，有压力才有动力

信任虽有利于员工努力干活，但也不能盲目地信任所有人，对于那些喜欢偷懒、耍滑的人，就一定要适当地增加点压力，让他们不敢对工作有丝毫的懈怠。相信每个团队中都会有几颗"老鼠屎"，他们常常自以为聪明过人，不屑于跟其他成员一样，其实说白了，就是千方百计想偷懒，工作能拖一天是一天，明明随手便能做完的事，却非要一直留到最后，结果时间不够了，乱干一通。

与其说"老鼠屎"偷懒成性，不如说他们受到的压力太小，倘若管理者将任务加重或将期限缩短一半，看他们还有没有时间去偷懒，到时，别说是偷懒了，就算同事们叫他们去"欢乐时光"，他们也不敢放下手里的活。可见，对这类人最好的激励方式，便是适当地施加一些压力，让他们把心思都放在自己的工作上。

增添点工作乐趣

无论什么工作，只要时间一长，就易产生倦怠的心理，尤其是那些经常跟数据打交道的工作，往往会让人更快觉得枯燥和无味，以致员工提不起精神来，总想在工作时开个小差什么的！管理者要想改变这种状况，就得想办法给工作增添点乐趣，让它变得丰富多彩起来；否则，久而久之，必会给团队带来负面影响。

对此，管理者一定要留意团队成员的状态，一旦发现他们有怠慢工作、经常开小差等现象，就必须及时地采取行动。具体而言，管理者可以不定期地开一开讨论会，这既有利于员工放松大脑，同时，也给他们创造了一个良好的沟通平台；也可以在某阶段的任务完成后，找个氛围好点的地方来开个庆功会，费用可由管理者一人出，也可以大家一起平摊……总之，只要能让他们高兴的事，我们就可以干！

管理红绿灯

员工能不能始终保持对工作的积极性，终究还是要靠他们自己，毕竟工作是他们自己的，他们都不肯努力，别人再怎么帮忙，最多也就只能维持一时。再说了，做为领导也是很忙的，不可能把时间都用在激励下属上，即便有点时间，也得留在更重要的事情上。所以，管理者需要让团队的成员学会自我激励。

其实，每个人都具有自我激励的能力，只要你想激励自己，就一定能够找到合适的办法。对此，管理者可以给予指导，也可以在必要的时候配合他们！

先僵化、后优化、再固化

“

一项工作达到同样绩效，少用工，又少用时间，这才说明管理进步了！

”

当年，任正非为了让华为获得更长足的发展，开始引进西方的绩效考核制度，从此便走上了漫长的“削足适履”之路。在推行新制度的过程中，他坚持按照“先僵化、后优化、再固化”的路线来，尽管这条路走得异常痛苦，但他却让华为人一走到底，才使得他们越来越职业化、国际化，从而有效降低了华为的成本。

随着企业的不断发展，华为的员工队伍也越来越大，此时，任正非开始意识到原本的制度已不再适合华为，企业需要更先进的管理制度来降低成本。于是，他决定引进西方的绩效考核制，让华为人学会在同一时间、相同的条件下，用最低的成本去做同样的工作。然而，让他没想到的是，这条路远比想象中艰难！

对此，受到最大冲击的便是华为无线业务部，当它发现“即时通信”很可能会成为主流业务时，便开始大量收集相关资料，以最快的速度完成了项目设计，项目小组本以为能很快通过审核，但在实行的新制度之下，该项目却遭到了否决；原本，华为已成为颇有名气的通信设备供应商，大批的客户从四面八方涌来，可在新的制度下，研发部推出新品的速度开始变慢，大量订单被对手收入囊中……

正当华为上下都人心惶惶时，任正非首次提出“进步三部曲”：“先僵化、后优化、再固化”，这不仅给华为人吃了颗定心丸，更给这场体制革命指明了方向！紧接着，华为人便根据“进步三部曲”的指导，开始静下心来学习新的管理制度，并顺利通过了第一个僵化阶段；待他们吃透新制度后，就在此基础上不断创新，于是，第二个优化阶段也完成了；到了第三个固化阶段，他们又逐渐提升新制度的性能。

事实证明，新体制在经历过“先僵化、后优化、再固化”的“进步三部曲”后，不仅降低了华为产品的制作成本，还大大提高了华为人的工作效率，推动华为迅速发展。

其实，对于企业团队而言，无论多么完善的体制，都需要不断地改良和优化，唯有如此，才能使其更符合当下的实际环境，尤其是决定员工命运的绩效考核制，若不进行定期的优化和改良，往往很容易造成内部的矛盾。但改革却并非是件易事，且不说会受到员工抵制等阻力，单单如何让它适应企业的发展这一项，就足以让管理者死掉上千万个脑细胞！对此，最好的方式便是遵循华为的“进步三部曲”。

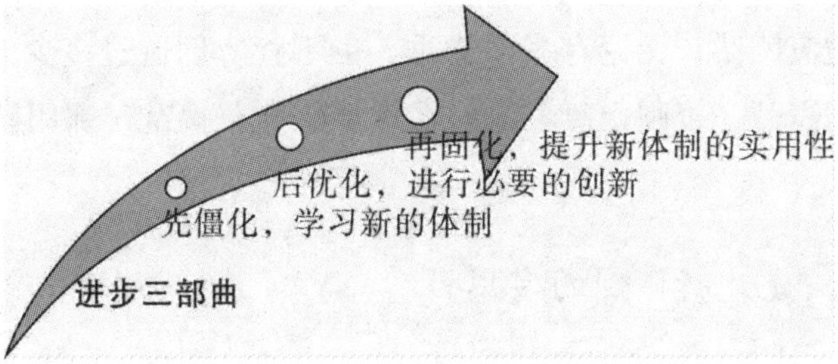

图3-3　华为的“进步三部曲”

先僵化，学习新的体制

当一个新的体制进入时，团队首先要做的就是学习、学习、再学习，在这段时间里，改革受到的最大阻力，往往是来自内部成员的抵制，他们那躁动不安的内心，总喜欢在还没有真正学会的时候，就妄图对新的制度进行“自主创新”，结果拖慢了新制度的实施不说，还阻碍了企业的进步和发展，简直得不偿失！

对此，任正非表示：“中国人的劣根性之一就是永远不愿规范，盲目创新是他们不灭的灵魂。中国人老是想这个会了，再搞搞那个，好奇心重是中国人的特征。”他针对中国人不安于学习的特质，在华为严格执行按规矩办事，以遏制员工们不肯停歇的“自发创新”，减少他们在工作中的能量耗散，提升工作效能。

后优化，进行必要的创新

很多时候，新体制未必能适应企业团队的发展，所以，待员工将其学懂、学透后，接下来要做的就是进行必要的创新，使已经僵化的管理方法，更符合团队的实际情况和当下的大环境。此时，变革的主要压力，通常来自利益受损的员工，这部分人为了维护自身的利益，往往会寻找各种各样的理由来阻止变革。

对此，任正非的做法是：认可的人留下，不认可的人我给他们开欢送会！不可否认，在推行新制度的过程中，难免会触及一部分人的利益，若他们不改变自己来适应团队，无论有多么优秀，也不管曾创造过多少的辉煌，团队都必须请他们离开，否则，留着他们在这里给改革捣乱，那团队失去的就不只是人才了！

再固化，提升新体制的实用性

进行到这一步时，则预示着新体制已经被大众所接受，那么，下一步要做的就是提升它的实用性，使其能更加制度化、程序化和规范化，从而形成一种固定的流程或模式。

对此，任正非认为，要想让员工更快地适应新体制，就必须在提升实用性的同时，建立一套完善的奖惩体系，并严格按照这一体系去执行。唯有如此，才能消除员工的怀疑和抵触心理，令他们自动自发地按照流程来工作，并提高效率。

管理红绿灯

对于任何企业团队而言，推行绩效改革都是一个长期而又艰巨的任务，在这一过程中，团队不仅要面对各种各样的阻碍，还得承受来自四面八方的压力，也正因为如此，有些团队在重重困难之下，无奈地选择了放弃。此外，团队在另一种情况下同样会半途而废，那就是还没等“僵化、优化、固化”这三部曲完成，企业便获得了快速的发展和进步，以致管理者误以为已经达到了理想的效果。

其实，团队出于何种目的而停止改革并不重要，重要的是一旦停下了脚步，前期的那些努力都白费了不说，还会给企业埋下一个巨大的隐患。对此，任正非会告诫你，改革是一个渐进式的改进过程，既不能因吃不了苦而选择放弃，也不能因短期受益而虎头蛇尾，而是应持之以恒地坚持到底，直到团队真正受益。

客户满意了，才能算有了成绩

“

在任何时候，都不要忘记以客户的需求为导向！企业想要取得大的成绩，明白客户的需求是首要要做的，同时关键还要看针对客户的这些需要，企业有没有真正地给予满足和落实！

”

一直以来，华为都秉承着“以客户为本”的宗旨来管理团队，无论是它的经营手法、战略目标，还是规章制度和绩效考核等，始终都以客户的需求作为出发点和落脚点。任正非深知，只有满足了客户的需求，企业才能获得更大的收益，所以，在他带领之下的华为，上到管理层、下到基层员工，都将工作的重心放在客户身上，他们坚持为客户着想、了解客户的需求，以及不断地创造新客户。

2009 年，华为开发了一款新产品，这款新产品在其他城市的使用情况都不错，唯独在北方某个地区，刚投入使用就出现了故障，搞得客户向当地的办事处投诉。

接到客户的投诉后，华为驻当地的办事处第一时间派人去维修，无奈他们的技术水平有限，只好立刻打电话给总部请求帮助。华为总部得知此事后，当即派出一个技术团队乘飞机火速赶往当地，争取在最短的时间内让新产品恢复正常。这几位技术员前脚刚下飞机，后脚就乘车去了发生故障的地点。为了节省时间，他们连晚饭都没来得及吃，只是在车上随便啃了几块面包，喝了几口矿泉水！

终于，这一行人在凌晨2点左右，赶到了客户所在的城市。谁知，客户却告诉他们，投放新产品的地方并不在这里，而是在80公里开外的一个小镇上。于是，这4位技术骨干顾不上休息，连夜继续赶路，总算在凌晨4点半赶到了事故现场。他们到现场的第一件事，既不是稍作休息，也不是找东西填饱肚子，而是直奔新产品而去。经过长达7个多小时的紧急抢修，设备都恢复了正常。

面对技术团队不辞辛苦的连续抢修，客户心里很过意不去，于是，在他们临走时，给每人塞了一个大红包，然而，几位技术骨干都笑着谢绝了这番好意，他们对客户说："这本来就是我们分内的事，所以，您的好意，我们心领了！您放心，虽然这次抢修比较辛苦，但公司有绩效制度，是不会亏待我们的！"

实际上，这不过是华为"以客户为绩效导向"的冰山一角，一直以来，它都坚持将"让客户百分之百的满意"作为员工的行动准则，始终保持谦逊的态度，时刻关注客户的需求，给予他们最贴心的服务，哪怕为此要改变自己，也在所不惜。而幸运的是，华为团队正是通过这一绩效制度，不但调动了员工为客户服务的工作热诚，更以此弥补了自己其他方面的不足，有效提升了企业的竞争力。

对华为而言，客户就是上帝，就是咱爹和咱妈。为了更好地"孝敬"他们，在设置绩效目标时，都以客户的需求为基础，以客户的满意为导向，即以客户的满意度来衡量工作成效。华为告诉我们：站在客户的角度思考、满足客户的需求、获得客户的认可，是团队实现高绩效、高增值的关键因素！那企业团队怎样才能做到这些呢？对此，华为作为经验丰富的"老前辈"，没理由不教一教咱们！

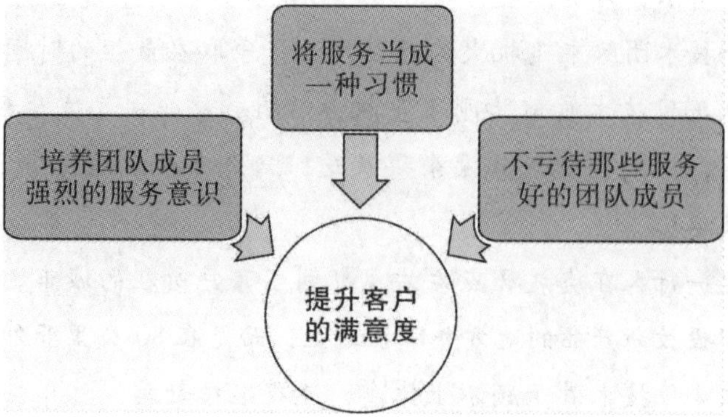

图3－4　华为提升客户满意度的手段

培养团队成员强烈的服务意识

当今社会，相比产品的质量和功能，客户更看重的往往是服务。若销售员的态度恶劣，即使产品可以“上天入地”，也不见得能在市场占据一席之地。要知道，企业能不能活下去，关键就在于客户有没有持续的购买力，而购买力又都来自客户的满意度，可见，企业要想活下去、活得长久，就得培养团队成员强烈的服务意识！

在这方面，华为可是业界的典范。为了培养团队成员的服务意识，华为早已将客户对团队和个人的满意程度，列为绩效考核中的一项重要指标，并以此培养了一批不揪客户错误、不怕客户刁难的优质员工。正因为如此，华为每每都能迅速地占领市场，即使遇到再强大的对手，它也能底气十足地去与之周旋和竞争。

将服务当成一种习惯

对于管理者而言，团队成员仅仅只有服务的意识是不够的，还必须养成随时随地服务的好习惯。为什么？因为意识是停留在大脑里的，客户压根就感受不到，唯有真正地做出来，才能让他们有切身的体会，从而增强他们对企业的满意度和忠诚度，以帮助企业更快速地发展。所以，企业得让团队成员将服务客户当成一种习惯。

对此，华为有一系列“为客户服务”的制度、流程和标准，不但给了团队一个明确的方向，更规范了团队成员的言行举止，从而使他们能更好地去服务客户。

不能亏待那些服务好的团队成员

这个世界，从没有无缘无故的爱。企业要想让团队成员真正地爱客户，就必须给他们一点“甜头”，因为谁也无法坚持没有回报地付出。要知道，人终究是现实的，团队成员之所以尽心尽力地服务客户，无非是想获得更好的薪资待遇，所以，企业绝不能亏待了服务好的团队成员，否则会让他们失去服务的动力，坚持不了多久。

那么，管理者该怎么去做呢？最简单有效的方法，就是给团队成员升职、加薪！一直以来，华为都以客户满意为绩效导向，而绩效直接跟员工的工资和晋升挂钩，也就是说，谁能让客户满意，谁的工资就高，谁就能获得升职的机会！

管理红绿灯

生活中，不少管理者都认为，客户服务是个消耗资源的项目，无法给企业创造营业额。殊不知，这种想法大错而特错，的确，在为客户服务的过程中没什么收益，甚至有时候还得倒贴，但只要能给客户提供优质的服务，便会增加他们对企业的满意度和忠诚度。且不说这能为企业赢得良好的口碑，吸引更多的人来购买产品，单单客户自己，也会再来买其他的产品。所以，团队一定要重视服务并完善服务。

好干部就必须出好业绩

“

好干部如果干不出好业绩，还算什么好干部？

”

对于企业而言，领导层的干部能不能干出业绩，将直接关系到企业是不是在良性发展，也就是说，企业的命运往往被那些干部攥在手里，企业要想获得更好的发展，首先要做的便是提升干部队伍的素质！对此，任正非就在华为的管理层严格执行干部绩效承诺制度，以增加干部队伍的紧迫感，保持他们的竞争力。

其实，在任正非带领下的华为团队，一直都对干部阶层严格要求，因为他深知，这些人不仅仅是管理者，更是领导者和企业的表率，若他们“上梁不正”，员工们必定会“下梁歪”，所以，一定要对他们进行有效约束，才能提升整个企业的责任感和危机感。正因为如此，华为坚持对干部实行以责任为结果导向的考评制度，让他们通过述职报告来确定自己的责任，以更快达到他们预设的绩效目标。

事实证明，这种干部绩效承诺制不但能激励干部，还能为企业创造奇迹！

有一年，湖北发生了严重的洪涝灾害，一时间，各路人马纷纷前往抗洪抢险。

面对湖北地区的设备故障，华为也第一时间派出了技术人员赶去现场紧急抢修。通过排查，只有两个城市的故障较为严重，于是，这批技术人员处理完那些小问题后，便自动分成了两个小组，分别对两个基站进行紧急抢修，其中一个小组要抢修的设备难度相对较大，华为总部担心他们不能在短时间完成。对此，该小组的组长小李给总部打了个电话，并立下了“军令状”，保证按时完成任务。

由于时间紧、任务重，小李这组人几乎每天都通宵达旦地工作，而小李自己完成当天的工作后，还得挤出时间来写总结、写工作报告以及为第二天的工作做准备，要忙到天亮才能休息。第二天，他没睡几个小时，就得起床去提交报告和汇报工作，然后回来协调相关的问题，有时甚至忙得饭都顾不上吃。

这天，小李负责的基站需要给设备重新铺设一条钢轨，这本不是他们的工作范围，但负责这事的人一时找不到人来干活，为了避免浪费时间，小李二话没说，直接脱掉外套自己干。在他的带领之下，其他组员也纷纷撸起袖子开始干活，尽管当时已是烈日炎炎的8月，尽管他们已经超负荷工作了近1个星期……

就这样，在他们不懈的努力之下，小李带领团队竟然奇迹般地提前完成了任务！

相信，每个企业都想拥有像小李这样的干部，他们不但敢于主动承担责任，而且，即便是在困难面前，他们也能无所畏惧地立下“军令状”，用行动维护企业的形象，以激情带动企业的发展。显然，华为之所以会涌现大批像小李那样的干部，完全是因为它对领导团队的严格要求，其中，干部绩效承诺制绝对功不可没！

对此，任正非表示：“面对市场的激烈竞争，公司无力袒护臃肿的机构以及不称职的干部，我们必须以责任制来淘汰、选拔干部。”不仅如此，他还说：“我们要辞退那些责任结果不好、业务素质也不高的干部，我们也不能选拔那些业务素质非常好、但责任结果不好的人担任管理干部。他们上台，有可能造成一种部门的虚假繁荣，浪费公司的许多机会和资源，也带不出一支有战斗力的团队！”

实际上，绩效承诺制并不是任正非的专利发明，大名鼎鼎的乔布斯早就采用了！

当年，乔布斯刚开始管理苹果时，公司的情况要多糟糕就有多糟糕：技术人员不愿研发新的产品；销售人员不肯去拓展市场；一出事故大家便相互推脱；就连想追究责任，也不知道该从哪儿下手……对此，乔布斯简直是一个头两个大！

乔布斯深知，如果苹果继续这样下去，就算能侥幸逃过倒闭这一劫，也支撑不了太久。为了拯救公司，他苦思冥想了很久，终于找到了应对之策——全面实行绩效考核制，把任务分派给具体的人，将责任划分到每一个员工的头上。就这样，苹果终于摆脱了群体作业的模式，从此走上了重制度、重责任的康庄大道。

同时，乔布斯还规定，不仅各部门之间要做到责任明确、互不干涉，即便是在部门的内部，也必须如此，一旦出现问题，直接处置负责人。他对干部的要求更为严格，下属犯错，顶头上司要一起受罚，小错通报、大错开除，绝不姑息！

在绩效考核制的威慑之下，苹果的员工都绷紧了神经，生怕因自己的一个不小心犯了错。不仅如此，为了获得高绩效，大家全拼了命地干活，该创新的创新，该开拓市场的开拓市场，苹果的每个人都神采奕奕，吊起膀子玩命地工作。

华为跟苹果一样，即便是个普通的基层员工，每年都要经过重重的考核，所以，对于那些掌握企业命运的干部队伍，考核更加严格。每年年初，华为的干部都要根据上年指标的完成情况，制定今年的工作指标和绩效目标，并且，对自己负责的部门计划完成的指标立下“军令状”，承诺能达到持平、达标、挑战中的哪个等级，1 年后，完不成的都要接受严厉的惩罚。

究竟严格到什么程度呢？例如，达不到绩效目标的部门一把手会被降职、罢免，并且，该部门的副职位不能在内部产生；取消整个部门第 2 年的调薪资格，哪怕有些人调去了其他部门，也照样得承受这个惩罚；那些被降职的干部，无论怎么努力，1 年之内都得不到提拔，更不允许跨部门提拔使用；1 年后对该部门干部进行全面考核，哪怕因绩效成绩优异而调部门，也要适当地降低职位……

看到这，有人可能会问了：下手这么重，华为就不怕那些干部撂担子？对此，任正非没有丝毫的顾虑，因为在他看来：考核是考核不走优秀干部的；不坚持考核，将以公司生命的结束为代价。所以，任正非深信，只有实行严格的干部绩效承诺制，才能保证领导团队的素质，从而为企业打造出一批又一批“铁军”！

管理红绿灯

现实生活中，随着企业的日益壮大，员工获得的成绩和掌声也会越来越多，此时，他们难免会沾沾自喜、放松警惕，尤其是那些业绩非凡的领导干部，往往很易产生骄傲自满的情绪，甚至还会滋生一些不良的习气。对此，管理者仅仅只靠干部绩效承诺制来与之抗衡，恐怕并不能达到目的，还得将那些后续没干劲、没作为、没奉献精神的人清出领导队伍。唯有如此，才能让企业朝着正确的方向顺利前进。

华为执行秘诀："三高政策"

> 高工资是第一推动力，重赏之下才有勇夫！

众所周知，华为是行业里出了名的"土豪"，它对员工出手之大方，简直像极了古代的那些"败家子"，这一点，从它实行的"三高政策"中，便能窥探一二。所谓"三高政策"，就是指高工资、高压力、高效率，这可是华为保持高绩效的秘密武器，因为高工资的背后是高压力，高压力能带来高效率，高效率又是高绩效的重要保障。可见，华为并不是"钱多、人傻"，而是"人精、钱多"！

废话不多说，咱们还是一起来看看华为究竟"豪"到了什么程度！

倘若你被华为看上了，那就可以放心、大胆地过来，完全不用考虑什么交通工具划算、路上要不要打个的、行李怎么托运才省钱这些，为什么？因为华为统统都帮你报销！此外，华为的新员工是带薪培训，工资、福利一样都不会少！

培训完就要入职了，如果你是本科或硕士毕业生，一进华为的职级便是

13级，工资在五六千元左右；若你是个博士，那直接给你升到15级，工资大概在一万二左右。每两年你基本上可以升一级，也就是说你的工资，每两年便可以有个大幅度的提升，若你一不小心被派去了国外，没准一年就能来个“大挪移”！

除此之外，如果你是个稀缺的高端人才，那么，华为给的价能吓死你！华为曾以40万元的年薪，招来一位在芯片研发方面颇有心得的工程师，谁承想，他在华为干了没多久，华为便发现他的价值远远不止40万。如果是其他的企业，没准会暗暗偷笑或背地里夸自己，但华为二话不说，直接给他涨到50万元年薪！

看到这，你若还能镇定自若，没有一丝的“羡慕、嫉妒、恨”，说明你已经是个“非人类”了！显然，华为对员工的手笔之大，简直就是要“上天”的节奏！然而，天下从没有免费的午餐，华为员工拿着这么高的工资，就得给企业创造出比这更高的利润来，否则，华为凭什么养着一群大闲人？难道他们的脸比别人的大？

一直以来，华为员工的工资都直接跟绩效挂钩，并且，它设定的绩效目标，比其他企业高出很多倍。换而言之，即谁想拿到最高的工资，就得获得绩效的最佳成绩。为此，华为团队成员都吊起了膀子玩命地干，哪里有需要便立刻去顶上，哪里有窟窿就赶紧去补上，因为只有这样，才能交上一份令企业满意的绩效成绩单。

其实，不仅仅是华为，很多企业都在用“三高政策”来鞭策自己的员工。

有一段时间，麦肯锡的欧洲区主席赫伯特·亨茨勒发现，不知道为什么，基层员工看起来都无精打采的，对工作没有丝毫的热情，他们每天不是按部就班地干活，就是经常开小差，甚至有些人还变着法子偷懒。为了弄清楚原因，亨茨勒展开了全面的调查，谁承想，他得到的答案竟然是——工资太低，懒得动！

原来，亨茨勒一直将目光放在高端人才的身上，从而忽略了这些基层的员工，以致他们产生了负面的情绪。这时，他才意识到问题的严重性。为了弥补自己的错误，他开始深入研究报酬和工作质量之间的关系，并以此作为公司制定人事政策的依据。他发现，假如员工的收入过低，他们就会根据自己对性价比的了解，来调整自己的工作强度和态度，即以工资的高低来判断自己该不该努力。

对此，管理咨询顾问告诉亨茨勒，要想吸引那些受过良好教育且工作积极的员工，就必须为他们提供一份高于同行业平均水平的工资福利。于是，亨茨勒当即决定要改变麦肯锡公司的薪资体系，将薪资提高到高于市场平均水平的10% ~20%。尽管多付出了人力成本，但员工的积极性却提高了50%，公司的整体工作效率和质量也高出了同行不少，此外，公司还因此获得了较高的声誉和地位。

不得不说，麦肯锡公司跟华为一样睿智，敢于用“高工资”去换取团队的“高绩效”！现实生活中，很多管理者并非是不懂得“高投入才能获得高回报”的道理，而是压根就没有勇气去尝试，他们担心公司会因此而入不敷出，害怕付出得不到回报，于是走上了“又想马儿跑，又不肯给马儿吃饱”的不归路！

对此，华为已经用实际行动证明了“三高政策”在绩效中的重要作用。

在国内的华为团队，加班加点地干活早已不足为奇，很多人为了完成一个大项目，甚至1个星期都在公司里吃住，饿了去食堂、累了就趴桌子上打个盹，太阳什么时候上山、什么时候下山，他们完全不知道；那些去海外开拓市场的华为团队，不但要挥泪告别自己的亲人，而且还得冒着失去生命的危险，在疾病肆虐的非洲、硝烟未散的中东、海啸灾后的印尼及冰天雪地的北极等地，不停地奔波。

此外，华为以高工资的团队管理策略，吸收了大量站在行业尖端的人才，他们不但技术过硬、能力超强，而且极具艰苦奋斗的精神，每每都能在绩效考核中拔得头筹。正是这群优秀的团队，将华为一次又一次地推上了顶峰。实际上，高工资和高压力是一个双赢的企业政策，当企业满足了团队成员的期望时，团队成员也会努力去满足企业的期望，以获得更高的回报，这是一个良性的无限循环！

所以，要想绩效高，管理者就不能太过吝啬，得适时地当一回“土豪”。

管理红绿灯

虽然高工资对绩效的作用显而易见，但这一招却并非适用于所有的团队，像那些规模不大的小企业团队、沾亲带故的家族团队等，就千万别拿这招来试水，不然的话，你可能就摊上大事了！为什么？因为小企业的资金不够雄厚，即使团队再怎么拼命，胳膊也拧不过人家的大腿，明知不可能成功，又何必去尝试呢？而对于家族团队，哪怕你资金再雄厚，那些七姑八姨们也不会拱手让出自己的位置。

第四章

时间：让听得见炮火声的人来决策

谁来指挥炮火？就该让听得见炮火声的人来决策！

正确打开时间的方式

> 效率优先、兼顾公平、可持续发展，是我们价值分配的基本原则。

如果你经常加班，经常熬通宵，经常带工作回家，经常完不成任务，经常觉得计划被打乱……那么，只能很遗憾地告诉你：你打开时间的方式不正确！所谓“时间就是金钱、时间就是生命”，倘若你用错了打开方式，那就等于白白浪费金钱和生命，这显然既不利于自己的成长，更不利于团队的发展！

为什么同样是24个小时，有些人不但干完了工作，还有空闲玩玩手机，可有些人拼了老命都做不完？这就是使用时间的差距！世人皆说“管理时间”，但是你能管得住吗？你是能让它停止呢，还是能让它往后跑啊？答案是都不能，所以我们只能自我管理。那些不懂得自我管理的团队管理者，往往效率也都高不到哪儿去。

小曼是华为行政团队的一员，刚入职不久的她，每天除了要完成向上级汇报工作、安排会议时间等本职工作外，还要处理很多的琐事，如跟大客户们保持联系、布置好会议现场、复印会议所需要的文件等。由于这是她的第一份工作，所以几乎没什么经验，以致每天不是落了这个，就是忘了那个，经常挨上司批。

其实，作为一名新人，小曼已经非常努力了，她每天都早出晚归，经常加班不说，还把工作带回家熬夜做，可尽管如此，她照样还有很多做不完的工作。

这天，原本就忙得焦头烂额的小曼，接到了几个比较棘手的活，看着自己手头上的这些工作，她是一脸蒙圈，完全不知道该从哪下手才好。无奈之下，她只能看见什么就做什么，待所有事情都做完后，她才猛然发现，上司跟自己说过今天下班前要开个紧急会议，她赶紧看了一眼时间，距会议开始只剩下十几分钟！

这可吓坏了小曼，要知道，她平时虽没完成工作，可那都是些不打紧的活，今天这可是件大事，如果没弄好，没准上司会让她卷铺盖走人。她不敢再继续往下想，立刻紧急通知各部门前来开会，接着她又赶紧去布置会场，可她再怎么努力，也变不出会议的流程和相关资料来，幸好上司早已准备了会议的PPT，才总算勉强开完了这次的会议。事后，上司狠批了她一顿，让她好好学习时间管理。

在工作中，像小曼这样的员工并不少见，只是有的没小曼这么严重罢了，但同样许多都是工作效率低下，面对诸多的工作，既不知该怎么做，也不知该从哪儿做起。其实，在竞争激烈的当下，大家的时间观念都非常强，很多员工或管理者并非是懒得干活，而是不知道节省时间、提高效率的方法。对此，我们不妨来学习一下华为人和他们

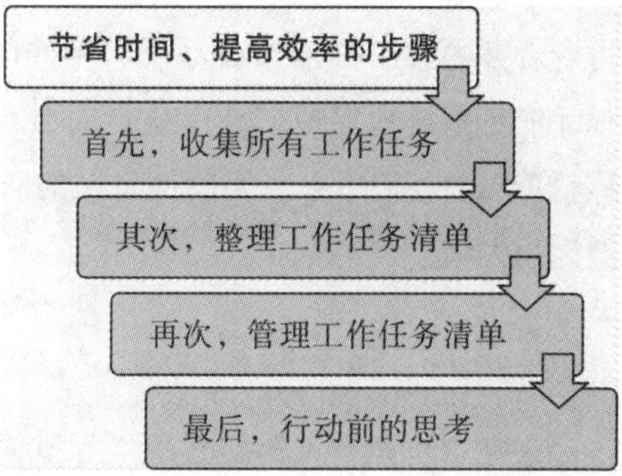

图4-1 时间的正确打开方式

的时间规划，因为这种打开时间的方式，才是正确的！

首先，收集所有工作任务

开始干活之前，要先把所有工作任务都收集起来，无论是大是小、重不重要，也不管有没有完成，都事无巨细一一罗列下来，然后或登记在电子表格中，或记录在手写的表格中。注意，表格不用太复杂，也不必追求严谨，只要自己能看明白就行，因为制定表格是为了节省时间，若太复杂、严谨就必然会浪费时间。

其次，整理工作任务清单

收集好所有工作任务后，接下来要做的就是整理它们了。首先根据工作的难易度将其分类；然后把琐碎、相同性质的工作划分在一起；再将不能立刻完成的工作进行合理规划，并找出相关的工具和资料，进行认真的分析；最后就是重点标记那些时间紧迫的活，以提醒自己及时完成。这样一来，要做什么便一目了然。

再次，管理工作任务清单

工作清单弄好了，是否要正式工作了呢？这时，千万别急着先干活，你得看看哪些必须自己亲自动手，哪些能交给别人来做，只有弄清楚了这些，你才能更高效地完成工作。这点对管理者尤为重要，你大可不必事事躬亲，该给下属的就派下去，要确保自己的时间和精力重点在管理和决策上，否则会因小失大。

最后，行动前的思考

现在，也许有人觉得已经“万事俱备，只欠行动”了，殊不知，这还远远达不到执行的标准，你得根据自身的条件和当前的实际情况，来决定哪些工作必须先做、哪些可以后做以及哪些能再往后排一排，然后再根据这个顺序逐一开始执行。在排列顺序时，你还要考虑哪些工作的完成时间能缩短、哪些工作是在浪费时间，可以直接取消等。唯有做好了这些，才能确保你的工作时间是最短的。

管理者应注意，每个人都有自己的习惯和熟悉的工作模式，所以，大可不必严格按照这一流程来，只要基本的思路不变，你可随意变换这些步骤的位置。此外，至于这是 1 天的工作量、1 星期的工作量，还是 1 个月的工作量，你也可视实际的情况而定，通常以 1 周为期限最佳，因为 1 天太短，1 个月又太长，这些都不利于你制定工作任务清单。总之，只要按这个思路来工作，提高效率绝非难事！

管理红绿灯

千万别以为有了工作任务清单就能万事大吉，要知道，这世界唯一不变的就是变化本身，若想让自己时刻保持工作的高效，我们还得对这份工作任务清单进行定期检查。虽然自身的情况变化不大，但现实却是瞬息万变的，没准今天觉得重要的事情，也许明天就不重要了，所以，我们必须定期对工作任务清单重新规划，该整理的整理、该重新分类的重新分类，唯有这样，我们才能确保自己的时间不被浪费。

充分授权，没必要事事都请示

> 一个优秀的士兵，应该听从将军的领导，但打起仗来，将军不在身旁怎么办？凡事都要看情况，企业也一样，员工没必要事事都请示。

一直以来，“高效执行”都是华为的重要核心，无论是普通的基层员工，还是高高在上的领导干部，若不能提高工作效率，那就该降级的降级、该走人的走人。对此，任正非表示：“现在流程上运作的干部，他们还习惯于事事都请示上级。这是错的，已经有规定或成为惯例的东西，不必请示，应该快速让它通过。”

事实上，员工之所以不断地向上级请示，完全是因为他们的手里没权力，不信你看，那些平级之间压根不需要请示，所谓“请示”，本就是上下级关系才会去做的事。可见，要想让员工改掉“凡事多请示”这个习惯，团队管理者就必须充分授权，不然的话，整天被下属烦倒是小事，若降低了团队的效率，可就是大事了！

在授权这件事上，任正非可谓是一个极致的管理高手。

有一次，当时担任华为高级工程师的郑宝用，正负责主持一次非常重要的研发项目立项评审会议，谁知，在会议即将开始的时候，他诧异地发现老总任正非也来了，为什么诧异呢？因为他压根就没通知过任正非！也不知怎么了，他竟鬼使神差地跑到任正非面前，说："任总，这会您不用参加，我会告诉您结果的！"

要知道，当时的华为正处于事业起步阶段，研发上但凡出现一点点的纰漏，就足以摧毁这个任正非苦心经营多年的公司，面对如此重要的项目评审会，任正非完全有理由介入其中。可尽管如此，屁股还没坐热的他，既没有跳起来骂人，也没有死皮赖脸地不肯走，而是轻轻地点了点头，便起身离开了那个会议室。

会议结束后，这件事便在华为内部传开了，大家都说郑宝用胆子可真大！

事实证明，任正非的充分授权是对的：一方面手握重权的郑宝用在执行项目时，但凡是自己能做决定的事就自己看着办，只是把最后的结果汇报给任正非，从而节省了任正非不少的时间；另一方面，通过会议上的那件事，郑宝用成功地在项目团队中树立起了威信，所以，他分派下去的任务，成员们都不敢不按时完成。

实际上，不仅仅是郑宝用，对于那些有能力、又肯担当重任的华为人，任正非从不吝啬自己的权力，如他曾授权让一位还没毕业的实习生，去完成一个成本很高的大项目；他还曾授权给一名刚出校门的小伙子，让他去负责管理跟华为签下上千万合同的大客户……正是他的这种授权，让华为拥有了一大批实干型的人才。

看到这儿，有人可能会产生疑惑：任正非为什么要离开会议室呢？显然，在任正非看来，既然已经把这件事交给了郑宝用，就应该完全信任他，并将相关的决策权都交到他手里，否则，这个要管、那个也要管，还不如自己亲自上阵！这便是任正非的聪明之处，他深知一个人的时间和精力有限，所以，要想更好地管理企业、管理团队，就必须把自己的权力放下去，以避免浪费不必要的时间。

无论是对团队，还是对个人来说，时间都是最宝贵的，那些烦琐的流程和环节，皆是影响效率的罪魁祸首，对此，唯有将权力移交到合适的人手里，才能省出时间去做更重要、更紧急的事。任正非就很清楚这一点，所以他从不贪恋权力，他说："领导者要那么多的权力有什么用，所有权力都给你一个人，这个企业不垮才怪。把权力放下去，让基层成为精英，这样的企业才是优秀的企业！"

可在现实生活中，却是贪恋权力的人居多，结果反被权力扇了个大嘴巴！

据统计，在2008年时，丰田的销售量终于超越了美国通用汽车，一举成为行业中的"龙头老大"。然而，令人意想不到的是，仅短短1年的时间，屁股还没坐热的丰田，就从"老大"的位置上摔了下去，而且，还摔得鼻青脸肿！

究竟是怎么回事呢？原来，丰田因刹车失灵而遭遇了"召回门"！该事件发生在2009年的7月份，日本国内发生了一起普锐斯追尾案，案件发生后，丰田公司拖了整整4个月，才开始对丰田的ABS防抱死制动系统进行修理。其实，一个简单的追尾案，压根就引发不了客户对丰田的不满，真正让丰田失去市场的，是在这之前，早已有来自世界各地的普锐斯购买者，对刹车失灵进行过投诉。

显然，普锐斯追尾案只是丰田倒台的导火索，它始终不在状态的应急措施，才是令客户对它失去信心的主要原因。也许，说出来都没人相信，"召回门"事件发生后，丰田当时的执行副总佐佐木直到2010年才得知此事。看来，并非是丰田有意在逃避责任，而是它内部的工作效率实在太低，低得令人难以置信。

那么，丰田的效率为什么这么低呢？原来，丰田是一家很传统的企业，它的集权性非常强，虽然它早已冲出国门、走向世界，但日本总部却依然大权在握，迟迟不肯放权给下面的分公司，以致每件事都要逐级上报，最后才能到达决策者的手里。要知道，丰田可是个有着30多万员工且部门众多的大企业，且不说这样层层上报会不会漏掉什么信息，单单浪费时间这一项，就足以将它折腾得够呛！

看到这，你是不是在心里笑丰田蠢呢？你还真别笑它，没准你也是一样，手握着重权而不自知！所谓“当局者迷，旁观者清”。很多时候，管理者觉得自己已经放了很多权力下去，殊不知，那都是些无关痛痒、可有可无的权力，你给与不给压根没什么区别，这显然就不是真正的放权，而是在自欺欺人！

然而，管理者骗得了自己，却骗不了团队。一旦成员们的手里没有实权，为了保险起见，势必会事事都向你请示，哪怕是芝麻绿豆点大的事，他们也不敢轻易地自己做决定，如此一来，时间就都浪费在了层层上报的环节上，若一不小心遇到了个紧急事件，待你做出了决策时，恐怕早已错过了最佳的处理时机。

对此，任正非认为，只有通过充分授权、高度授权，才能让华为人在大多数事上自己拿主意，从而有效避免了企业机械式地层层申报。凡事都等着领导来批示，长此以往，势必会浪费很多时间，降低团队的整体效率。要知道，企业是人才的集中营，人才最不缺的就是脑细胞，所以，管理者没必要担心成员做错决策，影响团队的发展，退一万步说，这能比效率低下、决策不到位的危害大吗？

在华为，任正非曾反复强调，领导层决不能有官僚习气的存在，这种事无巨细都要向上级请示的迂腐习气，一定要成为领导者授权之前必须考虑的首要因素，它不但会不利于公司运营效率的提升，更会造成贻误商机等情况的发生。可见，要想提高效率、增强管理的灵活性、加快团队的发展，管理者就必须学会授权。

管理红绿灯

无论是企业，还是团队组织，权力过分集中都不是件好事，这不仅会浪费很多时间，而且，还会令企业走向分裂，甚至是灭亡。当然，这并不表示管理者就应该把权力都放出去，从此不管也不问；一个聪明的团队管理者，会懂得在赋予成员权力的同时，再适当地设计些制衡的机制，以确保权力分而不散，牢牢地把握住团队的发展方向。

能精简就精简，不要制造垃圾

"

现在，我们机关有相当的部门以及相当的编制，在制造垃圾，这些机关干部是不能产生增值行为的，我们一定要在监控有效的条件下，尽力精简机关！

"

2009 年，任正非郑重地向所有华为人发出指示：让一线直接来决策！

曾几何时，任正非为了牢牢掌控华为这个庞大的企业，无论是规章制度，还是工作流程，他都绞尽脑汁地力求详细和全面，但此时此刻，他最想做的却是精简机关。为什么？因为他发现，华为设置了过多的流程控制点，那些多余的机关不但阻碍了传达的流畅性，而且还降低了工作效率，更磨灭了员工的热情！

其实，管理者大多都知道时间就是金钱，若不提高团队的效率，浪费的不仅仅只是员工的精力，还有宝贵的企业资源。那么，怎样做才能提升团队的效率呢？

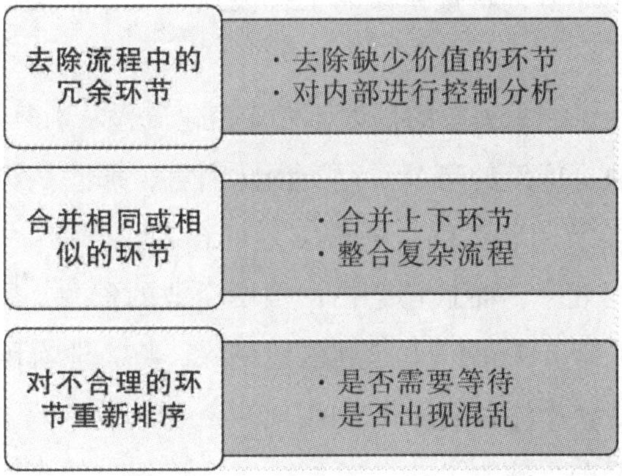

图4－2　提高团队效率的方法

去除流程中的冗余环节

在团队中，经常会出现这种现象：在相同的时间内、同样的环境下，有些人很快就搞定了工作，而有些人虽忙忙碌碌，却怎么也干不完手里的活。这是为什么？因为后者过于纠缠事物的复杂表面，把时间都浪费在了毫无价值的环节上。管理者要想让员工成为高效执行的前者，那首先要做的，就是去除流程中的冗余环节。

杰克·韦尔奇刚接手通用电气时，发现在公司辉煌的背后，竟是一个追求规模、崇尚等级层次、迷信官僚管理的复杂组织。对此，他开始实行一系列简化流程的措施：不能产生价值的环节不要、重复的流程要删除其中之一、不完善的制度要进行优化……经过整整20年的整改，通用电气逐渐从混沌迈向有序，从粗放走向精细，从复杂面向简单，同时，韦尔奇也因此成了商界的管理奇才。

其实，不仅仅是通用的韦尔奇，任正非也一直秉承着“精兵简政”的理念，让华为能够更高效地运转。对此，他曾直接表示：“我们要简化不必要确认的东西，要减少在管理中不必要、不重要的环节，否则公司怎么能高效运转呢?”在他看来，要想优化华为的工作程序，提升员工的工作效率，就必须去除流程中的冗余环节，修正错误的工作模式和工作方法，以达到丰富和简化流程的目的。

看到这儿，你可能更关心的是如何才能简化流程？别急，方法马上就来！

首先，去除缺少价值的环节。对于团队而言，那些执行完成后，却没创造出预期价值的环节，显然就是一种多余的存在，若继续按照流程去执行，不但会降低员工的效率，而且还会白白浪费企业的资源。所以，对于这类缺少价值的环节，管理者大可以干净利落地剔除，将企业有限的资源投入其他的流程中，以缩短整个流程的操作时间。

其次，对内部进行控制分析。若可以去除流程中的多余环节，那么，管理者便能有效地控制团队内部。这时，我们不妨从结果倒推原因，也就是利用对内部的控制分析，来找出那些隐藏着的多余流程。对此，要先选个控制目标，再根据这个目标来确定关键的内部控制程序，然后分析这些关键的控制程序，以确定是否存在重复之处以及是否还有优化的可能。这样一环扣一环地分析下来，冗余和重复的环节也就浮出水面了。

合并相同或相似的环节

实际上，去除流程中冗余环节还有个“双胞胎兄弟”，它就是合并相同或相似的环节。所谓“合并”，是指将两个或两个以上的事物合成一个，它的作用不仅仅是能化整为零，更可以叠加流程的优势，消除流程的劣势。若管理者能做到这一点，便能有效缩短员工的工作时长，到那时，哪还用愁不能提高效率！

在华为，当工作环节已经被精简得不能再精简时，管理者若还想提高企业的效率，就会从合并同类项入手，如合并重复的工序或工作任务、合并相同或相似的工具等。不仅如此，华为为了避免员工重复工作，浪费不必要的时间，常会指定一名员工来负责一个产品的全过程，如从下订单到发货或服务开始直至结束，华为称这些员工为“个案员”或“个案经理”，他们是客户与企业的单线联络员。

那么，怎么才能更好地做到合并同类项呢？管理者可以下面两点入手。

首先，合并上下环节。通常，团队为了加快内部物流和信息流的速度，会把一项任务的多个环节分别交给几位员工来执行，但这却极易在上下环节交接时造成重复。若想避免这种情况的发生，可以像华为那样设定“个案员”或“个案经理”，让某一个人来负责到底，到时，他会自行合并上下环节中的重复，从而减少时间，提高效率。

其次，整合复杂流程。在科技高速发展的现代社会，信息技术已渐渐被世人所认可，不少团队为了整合复杂的流程，早已开始用信息技术来代替人工，华为便是其中之一。例如，在数据的采集和传送方面，华为就以机器代替了部分人力，从而在降低了人为差错率的同时，还有效避免了数据的重复录入，以及因数据不匹配而造成的麻烦。

对不合理的环节重新排序

除了以上两种情况外，那些不合理的环节亦会浪费大量时间，对此，团队唯有厘清每项工作的逻辑顺序，才能对不合理的环节重新排序。要知道，有些流程也许只有几个环节，但有些却可能会有上百个作业环节，这时，若其中掺杂着一些排序不当或不合逻辑的环节，便会导致工作秩序混乱，大大增加工作的时长。所以，当员工接到任务时，一定要对任务中的各个环节进行有效排序，使其更为合理！

在华为，员工会通过“何人、何处、何时”这三个问题，来确认流程中各个环节的安排是否合理，但凡发现有一丝不合理的地方，他们便会立即推倒重来。

何人：由谁来操作？操作者的技能如何？他能否又快又好地完成？……

何处：各环节操作场地间的安排是否合理？还能否调整，再节约时间？……

何时：从第一环到最后一环的完成时间是多少？各环节中是否出现超时的情况？为什么会超时？每一环的时间安排是否合理？操作员能否适应这样的强度？……

实际上，要想找出那些不合理的环节，还有一种比“华为提问法”更简单直接的方法，对此，我们只需从两个方面入手：一是看上个环节完成后，操作者是否需要等待，才能一起进入下个环节，若答案是需要，那管理者就必须调整上个环节，以缩短其完成的时间；另一个是看在操作某个环节时，是否需要下个环节的诸多工作来辅助，若答案是需要，那管理者就得对各环节进行重新排序！

总之，那些不能连贯执行的环节，皆是管理者需要调整的对象，唯有合理地安排各个环节，才能让团队一口气完成，以达到节省时间、提高效率的目的。

管理红绿灯

对于任何一个企业团队而言，简化工作流程都是有利无弊的，但是，却不能胡乱地删减，因为每个流程、每个环节的制定，皆是管理者不断测试和反复验证得来的心血，即便中间出现了一些失误，也不能轻易地全盘否定。所以，在精简工作流程时，一定要以合理为最高标准，否则，就不是在节省时间，而是在浪费时间！

要想不浪费，就别什么都凑合

“

要在动力基础上健全约束机制，否则企业内部会形成布朗运动！

”

生活中，经常可以发现这种现象：因流程上的一些小小偏差，整个项目都得推倒重做；因工作上的一点小小失误，整个部门都得放下手里的活，尽力补救；因决策上的一个小小疏忽，企业瞬间退回了数年之前，白白浪费了多年的艰苦付出……很显然，正是管理者得过且过的态度，才致使那些不严谨、不规范的员工频频出错，他们在降低工作效率的同时，也连累了自己的团队，还害了企业。

由此可见，要想不浪费时间，管理者就不能什么都凑合，一定要严格按照规章制度来管理员工。对此，华为就曾吃过大亏，然后才逐渐完善起各项制度来。

在华为提出“走出中国、面向世界”的口号后，便开始频繁跟各大外国企业进行合作。有一次，华为和国外一家大企业想合资建厂，由于双方都有强烈的合作意向，所以，华为人觉得这件事应该很快就能敲定，可谁承想，也不知究竟在哪儿惹得对方不高兴了，他们迟迟不肯签约，一拖再拖，竟整整拖了1年的时间！

对此，华为召开了一次紧急会议，通过深入的研究和分析后，最后得出来的结论竟然是：提供给对方的资料写得不够规范。经过总结，有三处问题严重：

一是文档不全。华为人发现，那些专业、规范的大企业，在提供资料时非常齐全，无论是市场前景、技术说明，还是产品介绍、售后维修，每一个环节都洋洋洒洒地写了好几页，可他们提供给那家合作伙伴的相关资料却少之又少，对于那些需要重点说明的东西，不是一笔带过，就是只字未提，以致对方看得云里雾里，压根就无法确定系统的合理性和产品的安全性，所以才迟迟不肯签约。

二是文档的质量不过关。华为人通过复查发现，自己给合作伙伴提供的相关资料，在很多方面的表达都有漏洞，如一些产品价格乘以数量之后的金额不相符等。

三是文档太过随意化。华为人还发现，合作伙伴要求文档要按欧洲电信标准的格式来书写，但他们交给合作伙伴的资料几乎没格式可言，都是想怎么写就怎么写。

这种种问题在外国的合作伙伴看来，华为是既不重视这次合作，也不够专业化和国际化，所以迟迟不肯签约，甚至还一度打消了合作的念头，使得华为为此耗费了大量的时间和精力，却没有得到丝毫的回报！为了挽回合作伙伴的“芳心”，华为开始以制度来管理员工，力求将华为变成一个专业化、国际化的企业。

经过整顿后，华为人的工作效率和效能明显都有所提升，不久后，他们便跟合作伙伴签了约。

正所谓“无规矩不成方圆”，只有让员工按规矩来办事，才能避免不必要的时间浪费。对团队而言，若成员过度追求自由，破坏制度或对制度熟视无睹，那么，他们的工作效率就必然会下降，为什么？因为只有遵守制度和规则，才能保证他们可以进行自我约束、自我监督，从而提高自身的效率和执行力。反之，他们便会如同一盘散沙，毫无凝聚力和团结意识，试问，这样的团队又如何能高效运转？

看到这，你可能更关心如何让员工严格遵守制度，别心急，答案马上就来！

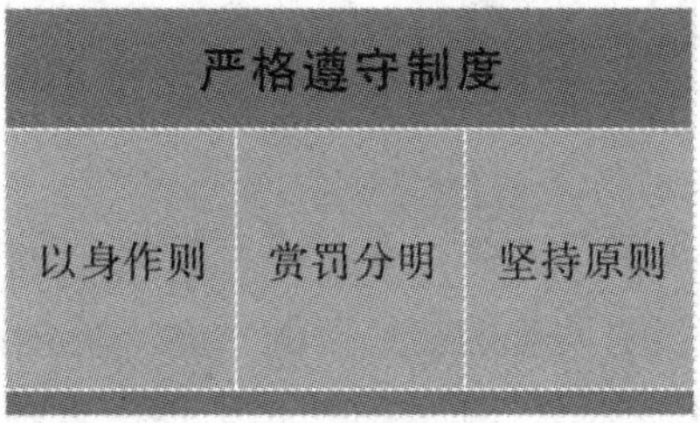

图 4－3　严格遵守制度的法则

以身作则，树立一个好榜样

在联想，有一条“凡开会迟到者都要罚站”的制度，以加强员工的时间观念。根据公司规定，凡是没有请假的迟到者，都必须接受罚站的惩罚。该制度颁布以后，不少员工都因迟到而受罚，其中既有德高望重的老领导，也有身居要职的高层干部，甚至就连老总柳传志都被罚过 3 次，尽管每次都是因为压根请不了假，如有一次他被关在坏了的电梯里，他也二话没说，很自觉地接受了惩罚。

想要员工严格遵守企业的规则，首先就得保证规则面前人人平等。然而，在生活中，很多管理者都觉得自己至高无上，压根就做不到像柳传志那样以身作则。在他们看来，规章和制度只是用来约束下属的，像自己这种“大神”级的人物，完全可以不用遵守。殊不知，连你都不重视制度、忠于制度，又有什么资格去要求自己团队的成员？所以，管理者一定要以身作则，给团队成员树立一个好的榜样。

赏罚分明，有激励才有动力

有一次，华为为了进入某个地区的市场，派出了大量的技术和开发人员。经过开发人员的不断努力，终于搞定了一个大客户，于是，他们将接下来的工作交给了技术小组。原本，该小组的工作还算顺利，可在安装设备的最后阶段，却因为一位技术人员的小失误，而导致该设备无法启动。事故发生后，技术小组相互推卸责任，这令客户非常不满，幸好总部及时派人跟进，通过排查排除了故障。

事后，开发小组既受到了表扬，也获得了奖金，而技术小组则全体受罚！

对于团队来说，若没有明确的奖惩条例，员工便会失去遵守制度的动力。对此，任正非深表赞同。所以，他不但在华为推行各种制度，更设定了完善的奖惩条例。通常，对于表现好的人，项目团队会给予奖励；而对于那些不努力工作、还拖团队后腿的人，若多次教育后依然我行我素，就坚决予以辞退。在这种赏罚分明的规章制度下，华为人不但坚决按规矩办事，而且常常会相互监督。

坚持原则，不要什么都凑合

实际上，很多团队对制度的重要性都了然于胸，甚至有些团队还每天耳提面命，可执行的效果却依然不够理想，为什么呢？答案很简单，就因为某些领导执行时总是这也凑合、那也凑合！生活中，不少领导干部为了所谓的“遮家丑”，常会对下属的违规行为睁一只眼、闭一只眼，甚至有些还主动帮他们掩饰。

不仅如此，对那些裙带关系犯的错，管理者们也常会选择网开一面；而有些管理者在成员的“苦苦哀求”面前，总会想起“法律不外乎人情”这句话；还有些管理者一听完成员“有力的辩解”后，就会不由自主地原谅他们……殊不知，制度之所以叫制度，就是因为它不能被打破。今天张三打破了没事，明天李四打破了也没事，那团队还要制度干吗？干脆撤掉算了，反正谁都可以不去遵守！

可见，要想让团队遵守制度，管理者就必须坚持原则，不能什么都凑合！

管理红绿灯

虽然制度能提高团队的效率，但需要注意的是，任何一种制度都是有使用期限的，当它不能满足企业的发展需求时，管理者就必须对其进行优化或改良，否则它非但起不到提效的作用，还会适得其反。对此，任正非认为：规章和制度必须跟得上公司的发展，制度出了问题，思想就会走样，企业架构就会受到影响。

别心急，重要的事得多花些时间

“

重要的事情总是要多花些时间，不然怎么能突出它的重要性呢？

”

工作中，经常有人会抱怨：为什么别人干活的速度这么快？为什么花了那么长的时间，事情还没做完？的确，团队的成员每天都要处理很多事情，除了完成领导下达的任务之外，他们还要处理同事交代的工作、下属提交的报告、家人出门前的叮嘱等，面对这一桩桩、一件件的糟心事，简直搞得他们一个头两个大。尽管如此，事情该做的还是要做，可又不知道该从哪下手，于是就看见什么做什么！

有一次华为接到了一个新项目，项目的内容是30天内在某地完成建设核心设备。起初，项目小组觉得时间很充足，所以制订了一份非常详尽的项目计划，谁承想，仅隔了1天的时间，客户就突然变卦了，要求在10天之内完成任务。当然，这位客户并非是无理取闹，而是因为刚接了一笔大单子，急需用设备。

没办法，华为一直都是客户至上，再加上这位客户在当地颇具影响力，若能顺利地拿下他，华为便能很快进入这个梦寐以求的市场，于是，华为拍胸脯答应了客户的要求。为了确保按时完成任务，华为的高层召开了一次紧急会议，会上项目经理列出了自己的难处，针对这些问题，华为决定从总部调人来协助。

就这样，华为的项目团队又多了十几名技术工程师。当时，这些工程师每个人手中都有活没做完，但对他们来说，协助项目团队在10天之内完成建设的任务，才是当下最重要的事情。于是，他们放下心中的杂念，全身心地投入到项目中去。当时，为了能在规定的时间内完成项目，每个项目成员都一门心思地扑在项目上，他们想方设法地节省时间，就连吃、住都在工地上解决。

终于，在各工程师和其他项目成员的共同努力下，该项目不仅按时完成，质量也相当不错，对此，客户不禁竖起了大拇指，并答应帮助华为开拓当地的市场。

很显然，若不是那十几名工程师放下手头上的事，全力配合大家一起完成项目，仅凭原项目小组的成员们，压根就没法在规定的时间内完成任务，更别谈什么质量的好坏了。实际上，这个案例充分体现了时间管理中的“80/20法则”：将时间和精力尽量花在20%的要紧事上，剩下那80%的非要紧事则视情况而定。

要知道，无论是普通员工，还是团队的管理者，在众多复杂又烦琐的工作面前，都难免会有些不知所措，不知道该从哪下手才好。他们之所以会这样，就是因为没找到工作的重点，以致将大把的时间浪费在那些貌似很重要的事情上，直到最后，他们才猛然发现，当做到真正重要的事情时，竟然已没剩多少时间了。

其实，很多时候，我们并非是不愿花时间在重要的工作上，而是压根就不知道哪些是重要的事，哪些是不重要的事。对此，我们可以采用下面两种方式对工作分类对待。

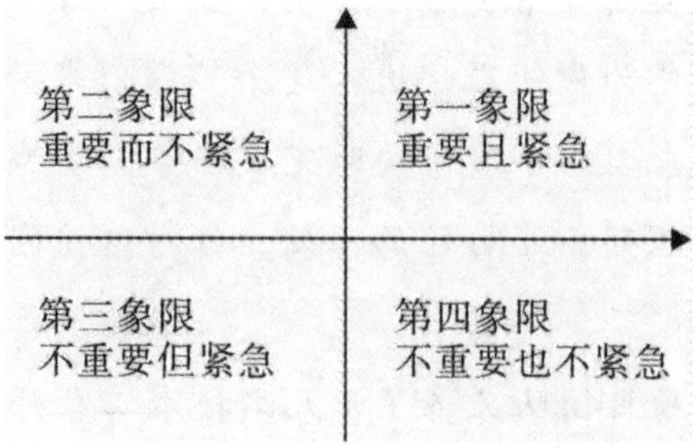

图4-4　找出重要事件的方法

四象限法则

所谓“四象限法则”，就是把工作按照重要性和紧急性分为四个区域：重要且紧急、重要而不紧急、不重要但紧急、不重要也不紧急。

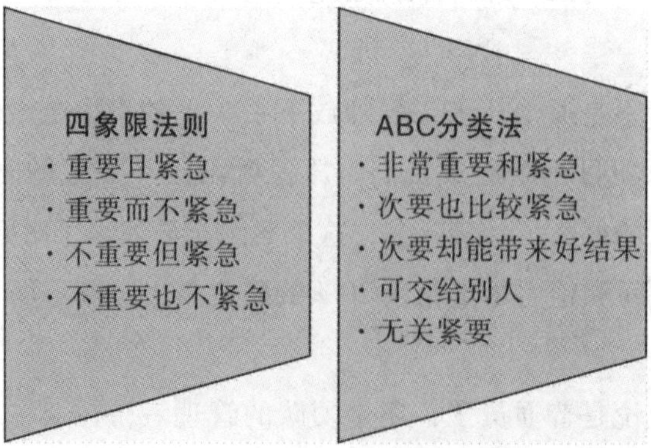

图4-5　“四象限法则”示意图

对于团队的成员而言，任何工作都要有先后次序之分，否则就是在盲目地工作，这除了浪费时间外，还浪费了我们的精力，无数的事实都已证明，但凡是优秀的团队，都善于规划自己的时间，从而高效地完成团队任务。在华为，绝大多数人都能灵活运用“四象限法则”，因此，他们干起活来是既效率高，又效果好。

那么，如何才能灵活运用“四象限法则”呢？下面就进行详细的说明。

第一象限：这类工作既紧急又重要，如重大项目的谈判、重要的紧急工作会议等。一般情况下，这类工作要优先进行处理，因为它无法回避也不能拖延。换而言之，即放在这个象限里的工作或任务，就是我们要寻找的那些“重要的事”！

第二象限：它跟第一象限有所不同，放在这儿的工作虽不具时间上的紧迫性，但却对个人或企业的发展及周围环境的建立、维护，都有着十分重大的影响和意义。对此，我们可以在完成第一象限里的工作后，再执行这一象限里的工作。

第三象限：这类工作很紧急但并不重要，很多人都误以为紧急就一定重要，其实不然，像打麻将三缺一就很紧急，可是一点也不重要。所以，对于该象限里的工作，一定要进行认真分析，切不可被其表面迷惑，而应有选择性地去完成。

第四象限：这类工作大多是些杂事，既没有时间的紧迫性，也没有任何的重要性，所以，对于它们，我们可以适当地选择舍弃，以免浪费自己宝贵的时间。

ABC 分类法

所谓“ABC 分类法”，其实跟“四象限法则”大同小异，只不过，它是严格按照事物的轻重缓急来分类的。下面就来给大家进行详细的介绍。

A 类：这是非常紧急且十分重要的事，是所有任务中的重中之重。通常，这类工作若不能及时地完成，便会造成严重的后果，所以必须第一时间完成。如果这类任务有很多，可根据重要性将其标为 A_1、A_2、A_3……然后按顺序依次完成。

B 类：这类事的重要性仅次于 A 类，A 类工作都完成后，就得处理它们了。

C 类：这类工作完成后虽能产生好的结果，却又不像 A 类、B 类那么要紧，一般情况下，可以有选择性地去完成，即根据事情完成后的效果来做判断。

D类：这类事不那么重要，不必亲自动手，可以适当地安排给其他人做。

E类：这都是些无关紧要的事，既没多大贡献，也不影响结果，可直接忽略。

其实，无论采用哪种方法，都是为了找到工作重点。一个人的时间和精力有限，不可能同时去干所有的工作，毕竟我们是人，不是神，可要想最大限度地节省时间，就得分清事物的轻重缓急，然后在重要的事上多花些时间，这样，才能科学、合理地安排时间，用最短的时间去完成最多的事，从而提高团队效率。

管理红绿灯

有时，即便找到了重点，也未必能完成工作，为什么呢？因为工作时总有人来打扰自己。对此，我们可以在执行重要或紧急的任务时，事先跟其他人打好招呼：工作时间，禁止打扰；还可以在自己的办公室或办公桌上挂上警示牌，以避免受到不必要的打扰。若别人是真的有事找自己，也得快速、果断地进行处理，绝不能拖泥带水浪费时间，如果一时解决不了，那就要礼貌而坚决地拒绝对方。

时间有弹性，才能让计划赶得上变化

“
这世界唯一不变的就是变化本身，所以我们一定要想办法去应万变。
”

在企业中，压根就不存在一个人战斗的情况，我们的任何一项工作都离不开团队，唯有在把握好自己节奏的同时，紧紧跟随大部队的脚步，才能更好、更快地完成任务；否则，即便你的效率再高，节省的时间再多，完不成任务终究还是徒劳。对此，华为人认为，只有让时间充满弹性，才能使计划赶得上那些突发的变化。千万别以为他们是在信口开河，这可是他们从失败中总结出的经验教训。

小亮是华为的高级工程师，他主要负责 MAP 的部分，这是接口最多的一项工作，几乎要跟所有的部门进行接口，比如数据库、呼叫处理、移动管理等部门。

为了方便工作，更为了节省时间，小亮跟各个部门事先定好了一些接口的处理方式。起初，按照约定工作，的确能避免浪费不必要的时间，可时间一长，大家就渐渐开始各忙各的了，尤其是在工作量较大的情况下，别说和其他部门的人聊个天了，有时甚至连个人影都找不到。看着大家忙碌的身影，小亮也不好意思去打扰，只能努力做好自己的工作。谁承想，快到最后时竟出现了大问题。

这是怎么回事呢？原来，由于各部门之间缺少必要的沟通，结果导致多个接口都出现了偏差！他本以为只要大家都干好自己手里的活，就不会出现什么大的问题，于是，他也没太在意沟通方面的事，更没有对此进行监督，可到了最后对接口时，才发现压根不是那么回事，几乎各个接口都对不上。无奈之下，只能全部推倒重来，他立刻召集员工重新改编程序，统一商定新的接口，再做一次。

后来，所有的接口总算是对上了，可大家却因此浪费了整整 1 个月的时间！

看到这，你可能会觉得，小亮之所以会任务失败，是因为缺少必要的沟通，的确，这无疑是其中的原因之一，但主要的原因却是他的时间弹性不足！要知道，工作中出现类似的情况很平常，即便他们能沟通顺畅，也会出现其他的问题或失误，唯有让自己的时间充满弹性，才能避免这些突发的状况。

在工作中，我们要养成良好的工作习惯，以确保自己的时间充满弹性，进而有韵律、有节奏地工作，这样一来，既可以摆脱拖延的问题，又可以提高自己的效率。不仅如此，有弹性的工作时间，还能帮员工塑造自由的工作氛围，在这种工作韵律下的员工，更能提高效率，同时，这也能使员工之间的合作更为紧密和谐，避免了很多时间的浪费，方便员工进行有效的时间管理，进而提高团队效率。

很显然，弹性时间的益处不胜枚举，可如何才能做到这一点呢？对此，华为提出了一套自己的“时间管理法”——时间使用法则。我们大可以借来一用。

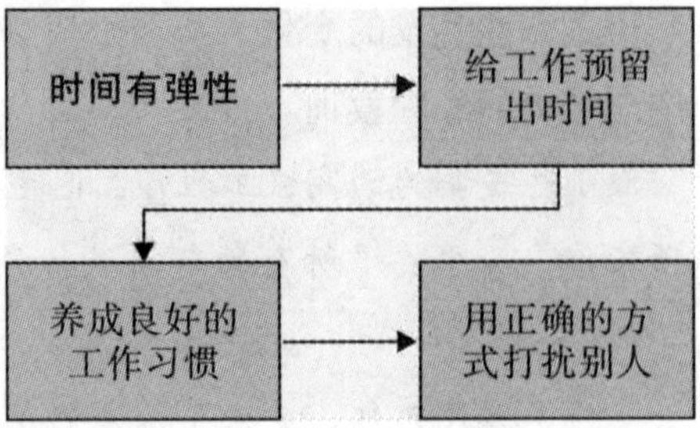

图 4-6　保持时间弹性的方法

给工作预留出时间

对任何人而言，时间都是固定的、不可逆转的，既然改变不了时间，那就只能改变自己了。对此，我们要学会在工作之前，先考虑执行中可能会出现的一些意外，从而预留出一些时间来处理，这样，就算真的出现了“不测”，我们也有足够的时间去改正，以确保工作能保质保量地按时完成，让计划能赶得上变化。

对此，华为团队就非常聪明，如果客户要求 3 个月内完成任务，他们就按 2 个月的期限来制订计划，预留 1 个月的时间来处理突发事件。若上司让他们周末之前提交项目策划书，他们绝不会踩着点去交，而是留出点时间让自己来修改一下。显然，这是工作尽在掌控中的有力保障，哪怕工作过程中出现一点意外，他们也有充足的时间进行修正，从而有效避免了“计划赶不上变化”的状况。

养成良好的工作习惯

每个人都有自己固定的工作习惯，但有些人的习惯既不科学，也不合理，以致经常完不成工作，试问，这样的工作时间如何能弹性得起来？且不说你想不想给自己预留时间，就算你想留，也得有多余的时间才行啊！所以，咱一定要学会在对的时间做对的事，这样不但可以节省时间，更能让你预留出一些多余的时间来。

对此，我们可以将一些重要的、复杂的工作，放在自己精力充沛的状态下来完成，而当精力不够或疲惫时，可处理些不重要的事或休息。如早晨头脑清醒、精力比较充沛，这时可做些决定性的结论，或敲定计划、处理重要信息等；中午时，由于精神在早上高度集中，需要适当地放松，所以，这时适宜处理些无关紧要的事；下午时，精力已渐渐稳定，可以冷静地思考和沟通，修改方案或计划等。

用正确的方式打扰别人

在团队合作的过程中，仅仅保证自己不怕被打扰还不够，我们还要做到尽量不去打扰别人。然而，这却是不可能完成的任务，且不说你是否需要帮助，单单那些必要的沟通，就能分分钟让你“破功”！所以，我们一定要学会用正确的方式去打扰别人，否则，我们的“不得不打扰”就会变成货真价实的干扰了。

对此，在请求别人的帮助时，我们要尽量使用干扰性不强的工具；若发现对方正忙得不可开交或处理重要事务时，应识趣地选择离开，待别人忙完了再来；假如需要打扰别人很长时间，那么，最好是先跟对方进行沟通，以免影响对方的正常工作；如果情况十分紧急，要言简意赅地说明来意，不能浪费彼此的时间。

管理红绿灯

虽然预留时间能帮团队有效处理突发事件，但这却并不意味着所有的工作都必须预留时间。为那些既不重要、又不紧急的工作留出时间，就没有丝毫的意义。并且，这不但起不到任何的作用，还会增加团队的工作负担，降低效率。由此可见，我们只需给重要且紧急的工作留出时间即可，其他的则完全可以不用管。

华为的高效管理：无为而治

“

企业领导者要学会无为而治，将管理变成长江的水。我们只要修好堤坝，水就会在里面自由地流，管它晚上流、白天流。晚上我睡觉，但水还自动流！

”

不少管理者认为，要想团队高效地运转，就必须事事亲力亲为，给成员树立一个好的榜样，殊不知，这种想法大错特错，你在上面忙得焦头烂额，他们却在下面乐得清闲，该出错的照样出错，该完不成的项目照样完不成。其实，一个聪明的团队管理者，得懂得适时地“偷个懒”，好让成员们学会自己提高效率。

对此，任正非认为，管理的最高境界是——“无为而治”，什么意思呢？即企业经过不断地探索，逐渐脱离领导者们的人为控制，自行达到既定目标。为了做到这一点，他一直在不懈地努力，把华为这个技术密集、资金密集、人才密集的队伍，变成一支能摆脱技术依赖、摆脱资金依赖、摆脱人才依赖的高效团队。

事实证明，任正非不但做得好，而且，“无为而治”的效果也相当不错。

随着华为大规模的扩张，员工早已从之前的“缺稀”状态，变成了现在的近乎“饱和”状态，此时，任正非意识到，要想让华为高速地运转，就必须彻底摆脱仅凭借几个高层管理者去做决策的状况，得让华为人自己担负起提高效率的责任。为了达到这一目的，他提出：“我们要逐步摆脱对技术的依赖，对人才的依赖，对资金的依赖，使企业从必然王国走向自由王国，建立比较合理的机制。”

在任正非看来，发展初期的华为正经历第一次创业，当时的华为规模小、人也少，只能依赖高层管理者的经验和能力来做市场、抓管理。可随着华为的不断发展和扩张，从前那种“拍脑袋”的管理行为，已经不再符合华为当前的发展趋势，它需要进行第二次创业，塑造出不依赖于人的流程文化，以让员工学会自我管理。对此，任正非指出，摆脱流程对人的依赖性，其实就是一种“无为而治”。

任正非希望，华为将来能像长江水一样，没有领导者也能自动、自发地奔向成功。为了达成这个目标，在2000年的某一天，任正非做出了一个震惊所有华为人的决定：从此退居幕后，尽量不管或少管华为的事！为此，他开始重新设置自己的工作规划，规划中既没有华为的重大决策、项目战略，也没有去哪里视察工作、探索市场，而是多出了“环球旅行”“俯瞰欧洲”等各种海外活动。

不得不说，任正非是一个精明的管理者，已年过古稀的他深知，一个人的精力和时间都是有限的，无论自己还有没有能力，也不管自己的精力是否还充足，当企业发展到一定规模后，他都不可能在管理中做到事无巨细、面面俱到。到那时，唯一能提升效率、加快发展的手段，就是实现理想中的“无为而治”了！

实际上，管理学中著名的“横山法则”，说的便是“无为而治”！该法则的创始人横山宁夫认为，越是强制性地管理员工，往往越会适得其反，让他们消极怠工，唯有反其道而行，适当减少对员工的管理，才能使他们更主动地去工作。由此可见，无论是对团队，还是对管理者来说，最好的管理就是没有管理，以让员工学会自我控制和管理。对此，“股神”巴菲特就深表赞同，不信你一看便知！

一天，巴菲特的办公室收到一份陌生的传真，内容是建议他花8亿美金收购一家生产休闲车的公司。通过调查后，巴菲特发现这家公司还比较有潜力，而且也没有负债，但8亿美元的决定，对于任何一家企业来说都要慎重考虑。经过专家们的研究和评估后，他终于做出了收购的最后决定。接下来，他要考虑的就是掌管这家公司的人选了，对此，他将目标定在了一名叫彼得·利格尔的人身上。

正式签约后，利格尔便要走马上任了，为了不辜负巴菲特的期望，更为了证明他没选错人，利格尔对他说道：“老板请放心，我一定会经营好这家公司！”

对此，巴菲特却问：“你觉得公司的业务开发和发展规划该由谁来定？”

利格尔误以为这是在考验他，忙说道：“决策性问题，我会向您请示的！”

谁知，巴菲特却斥责道：“臭小子，别做梦了，我可不会再来第二次！”

实际上，巴菲特不仅仅只是对管理层这样，对待普通的员工照样如此，他的公司市值上千亿美金，每一个项目所牵涉的资金量都是庞大数字，有的甚至能达到上亿美元。然而，他却并没有因此而事必躬亲，更多的是让员工自行解决，充分发挥他们的能力和优势。所以，在他的公司，就算他不在，大项目也照样签约、执行。

很显然，巴菲特是“无为而治”里的佼佼者，他的智慧不仅仅在于果断地放手，更在于放手后的忍耐和节制。对于管理者来说，团队就像是自己的孩子，很多管理者就是少了巴菲特那样的忍耐和压制，才会在团队成长的重要时刻总想扶上一把，殊不知，这看似貌不经心的一扶，却把团队又带回了被管制的老路！

现实生活中，不少管理者就算是累倒在了病床上，也要爬起来继续工作，这种敬业的精神的确令人敬佩，但这种行为却并不值得学习。因为聪明的管理者不会以忙碌来显示实力，更不会觉得只有自己才能把事情做好，他会充分调动身边的资源，让别人来帮自己工作，从而提高效率，以最短的时间完成最多的工作。

对于这一点，任正非也深表赞同，他认为，管理者的作用，不仅仅是依靠个人的能力成为团队英雄，更应该是推动和完善团队高速运转的主导者。为了便于理解，他还打了一个形象的比喻："就像一列火车从广州开到北京，有数百人搬了道岔，有数十个司机接了力，不能说最后驾车到了北京的那个就是英雄！"

也许，在管理者看来，那种大包大揽的管理模式，即便不能达到提升效率的目的，至少看上去也能让他们安心，可实际上，这除了会令自己陷入忙碌的怪圈无法自拔外，压根就起不到任何其他的作用。所以，当我们忙得焦头烂额时，不妨先停一停脚步，将身上的重担分给那些好帮手，学会做一个聪明的"懒人"。

管理红绿灯

提及"无为而治"，总会让人联想到老子的训诫——"我无为，而民自化"。殊不知，这不过是他老人家的理想罢了，团队要想达到这种境界，不仅需要管理者学会放手，更需要管理者制定一系列的流程和规章制度，才能让员工充分发挥自己的主观能动性，从而以最快的速度、最高的效率来实现团队目标。

第五章

项目：做项目可以检验一个团队

你不可能懂得一切。大小项目，应该是项目团队所有成员努力的结果！

要想项目好，准备少不了

“

凡事都不能盲目，一定要先多问自己几个为什么。

”

当团队拿到一个新项目时，项目人员往往会急于入手，在毫无准备的情况下开展行动，殊不知，这并不是一个好习惯，所谓“有备才能无患”，盲目地行动只会导致问题和漏洞。要知道，在实施项目的过程中，也许一个细微的小漏洞，就能拖慢整个项目的进程，打乱所有关于项目的原定计划，甚至毁了该项目！

由此可见，要想项目保质保量地按时完成，事先的准备工作就不能少。

华为刚创立时，资源和条件都非常有限，项目管理的制度也不太完善，往往都是新项目一到手便开始执行，几乎没做什么准备工作，从而导致在开展项目的过程中，频频出现问题，不是项目超出期限太多，就是项目完成后，达不到客户的要求等，这些问题给企业造成了很大的困扰，项目人员也备感压力。

在多次失败后，华为开始重视起项目的问题，于是请来专家指导。专家通过调查发现：项目经理接到任务后，竟不知道什么时候开始执行、怎么去操作、要注意些什么、什么时间完成、完成到何种程度才算合格……整个项目团队都习惯于拿到任务便埋头苦干，至于具体要做什么却一头雾水，以致他们只能看见什么就做什么，也不管自己做得对不对、好不好，不顾是否有利于该项目的完成。

很显然，项目失败的根源就出在盲目执行上，由于没有事先做好准备，从而导致整个团队都在做无用功！针对这一现象，华为规定在启动项目前，必须先做好充足的准备，具体而言，主要有以下几个方面：首先要弄清楚项目的目标是什么；其次要将目标进行分解和细化，逐一攻克；最后给要完成的目标定个标准。

从此以后，无论华为接到的是大项目还是小项目，也不管该项目是简单还是复杂，在项目开始之前，项目经理都会先做好准备工作，记录每个阶段需要完成的目标，并做好该阶段的说明和分析，以及明确每个项目人员的责任和义务等。如此一来，不但大大减少了资源的浪费，而且还有效提高了项目团队的效率。

俗语有云：“磨刀不误砍柴工。”拿到一个新任务后，项目经理千万别急着行动，而应当耐着性子先做好统筹和规划，并尽可能多地考虑到每个细节，以确保该项目能又快又好地完成。对于任何项目而言，唯有合理地分配、科学地执行，才能有条不紊地进行，否则，只要一个小小的问题，就可能会导致整个项目中断。

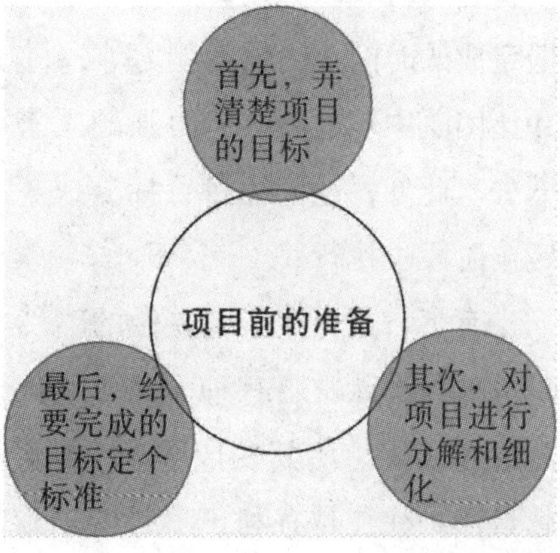

图 5-1　项目前的准备

看到这，你可能会忍不住问：那到底应该怎么做呢？别急，华为有答案！

首先，要弄清楚项目的目标

在华为，每个项目经理接到新任务时，都会认真考虑一个问题，那便是“我们做这个项目的目的是什么”，很显然，这就是项目的终极目标。为了弄清楚这一点，通常，项目经理会围绕该问题展开一系列的工作：例如记录项目的相关事项；及时向领导确认不明白的地方；弄清楚应该做什么、不该做什么；等等。

很多时候，项目之所以会遭遇“滑铁卢”，常常是因为达不到预期的效果，而导致这种情况的罪魁祸首，就是没有弄清楚项目的目标。虽然项目团队从没偷过懒，甚至还没日没夜地埋头苦干，可一旦方向搞错了，越努力便会离预期的设想越远。所以，明确项目的目标至关重要，有了它，项目团队才不会迷失方向，从而确保项目完成后的成果。要知道，唯有走在正确的道路上，才能获得成功。

其次，对目标进行分解和细化

在实现项目目标方面，华为可是个“顶尖高手”，无论多么大的项目，也不管这项目有多么复杂，它的那些项目经理都能轻松搞定。原来，他们会根据完成的时间、团队的能力等，将项目的终极目标细化成不同层次的小目标，并让团队中职位高、能力强的人来承担主要部分，再将任务一级一级地分配下去。此外，他们还将目标分成了几个阶段，每个阶段先定一名负责人，然后按阶段去执行。

有了目标，接下来要做的当然是去实现它了，可当面对一个巨大的目标时，项目团队常会有种无从下手的困扰。对此，大可以学习华为将目标进行分解和细化，使其变成一个个的小目标，并且，目标分得越细小、越详尽、越具体，往往越有利于项目的执行。为什么？因为清晰的小目标更易于分配任务，也更便于展开工作。

最后，给要完成的目标定个标准

对于项目的完成情况，华为就有自己的一套标准。由于每个人的自身条件各有不同，所以，为了更好地检验项目完成度，华为通常会根据项目人员的能力、技巧、素养等因素，以时量、数量、质量来评判他们完成目标的程度。在这套标准的指导下，华为的项目人员从不盲目，因为他们很清楚自己要做什么。

目标分解细化后，虽更利于项目的执行，但在实现的过程中，却依然会遭遇各种难题，如小目标是否能达到目的；怎样才算是完成了目标；衡量的标准又是什么等。若想解决这些难题，就需要项目经理给完成目标定个标准了！定好标准后，项目人员在执行时，才能做到心中有数，从而确保项目的完成质量。并且，定个标准也有利于项目经理的检验和管理，使其既能有效监督，又能掌控项目完成的时间。

管理红绿灯

在现实生活中，团队还会遭遇另一种项目失败，那就是项目完成后，客户“不买账”！这常会导致整个项目被推倒重来，再次消耗大量的人力和物力。

实际上，不少项目团队都喜欢自说自话，总想当然地把自己当成了客户，觉得自己想要的就是客户想要的。的确，作为一名专业人员，也许你的想法更有利于项目成果，但客户却并不会因此而感激你，相反可能还会恨你多管闲事。为什么？因为他有自己的需求和考量，你压根就代替不了他！所以，在项目的准备阶段，我们一定要了解清楚客户的要求，学会站在他的角度去考虑问题，以提高效率。

有计划地执行，才能完成得更好

“

华为每一个项目和策略的执行，都要有实践性、计划性！

”

凡事有计划，才更易达到预期的效果，做项目也不例外，若没有一份完整的计划书，项目团队便会像只无头苍蝇般四处乱撞。有时，虽然计划可能会赶不上变化，但没有计划常会导致连项目都完不成，哪还有闲情去关心什么品质和数量，能做完就算不错了。所以，开启项目后的第一件事，就是要制定一份切实可行的计划书，以防范未来的风险、控制项目的进程、明确每个项目成员的职责等。

有一次，华为接到了一个新项目，虽然金额超过了800万美元，但合同上却明确要求必须在2个月内完工。要知道，对于通信行业来说，即便是再小、再简单的项目，光测试这一块就得耗费不少的时间，更何况这个新项目的规模也不算太小。可面对可观的利润，华为最终还是决定放手一搏，接下了该项目。

紧接着，华为的项目团队便开始行动了起来。由于时间太仓促，项目经理决定放弃制定计划书这一环节，他觉得凭借自己多年的经验，应该能掌控项目的进度。可谁知竟事与愿违，项目团队因没有周密的计划，而在执行项目的过程中频频出错，遭遇了各种各样的难题，他们眼看已经完不成了，便赶紧向领导汇报。

领导得知此事后，气得大发雷霆，可生气归生气，还是要想办法去解决。于是，这位领导找来客户进行协商，希望能将时间延长一点，幸而客户十分通情达理，很爽快地答应了。虽然领导搞定了客户，但项目组却怎么也搞不定这个项目，无论他们如何去努力、换什么方案，始终都无法达到客户想要的结果，以致领导硬着头皮一次次地去央求客户，一而再，再而三地给项目团队争取时间。

就这样，整整1年的时间过去了，项目团队才总算是勉强完成了任务。

相信，一定有人犯过跟那位项目经理一样的错误，仗着自己经验丰富，便认为就算没计划书，照样也能搞定项目。殊不知，即使你资历再老、能力再强，也无法照顾到每一个细枝末节的地方，唯有将这些都写进计划书之中，才能有效控制项目的质量和进程。所以，不管项目的规模是大是小，哪怕只是一个几人就能摆平的小项目，也要制订一份详细的计划书，以保证它能够

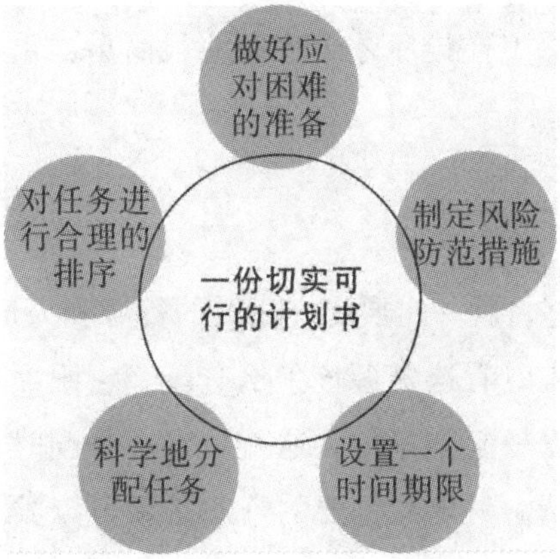

图5－2　如何制订一份项目计划书

高效、有条不紊地进行。

只不过，项目计划虽然重要，但更重要的是它必须符合实际情况，否则，即便计划书写得再详尽，都没有办法去执行。一份不能执行的计划书，就等同于几张废纸，毫无意义可言。那么，怎样才能制订一份切实可行的项目计划书呢？

第一，做好应对困难的准备

无论多简单、规模多小的项目，执行时都难免会遇到困难，若项目团队没提前做好应对一切的准备，那么，当出现问题时就会手忙脚乱，且不说这会消耗大家多少时间和精力，如果一个不小心"投错了医"，后果将不堪设想。所以，在计划书的第一页，就应该详细列明项目的重点、难点和关键点，以及执行时可能会出现的问题和具体的应对措施等，这些都是项目能否按时完成的重要影响因素。

第二，对任务进行合理的排序

很多时候，其实并不是项目太大、太难、太复杂，而是项目团队的任务分配太混乱。要知道，即便是一个有上千条任务的项目，只要我们能对其进行合理的排序与分配，就能省去很多不必要的麻烦，并且，还能提高整个项目团队的工作效率。那怎样排序才合理呢？很简单，重要的放在前面，着急的就先做。

第三，科学地分配任务

要想项目完成得好，就一定要配齐相关的资源和人员，至于如何来分配，那学问可就大了。咱先看看这资源该怎么分配，它跟项目人员不同，并不是固定不变的，而是可以一起共享的，这就决定了分配时，它的灵活度一定要高，否则便会造成浪费。另外，重要的资源必须可以共享，这能帮助项目员工节约时间；对于重要的任务可多放点资源，即使有些不一定能用到，但也比想用时却找不到强。

此外，分配任务也必须科学、合理，若项目经理将一个高难度的任务，分给了一位能力有限的团队成员，那么，即使给他10年的时间，也不一定能得到满意的结果，并且，这耗费时间和精力不说，还可能会伤害到那位团队成员“幼小的心灵”。所以，一定要按成员的个人情况去分配任务，从而让他们都能发挥所长。

第四，设置一个时间期限

要知道，对于企业而言，时间就是金钱，项目哪怕往后拖一天，都是一笔不小的开支。所以，在制订项目计划书时，一定要提前估算好完成项目的时间，并且，还得给每项任务都设置一个时间期限，唯有这样，才能鞭策项目人员更快、更好地去完成。对此，可按任务的难易程度来设置，难度大的就多给点时间。

当然，即使设定了时间，有些任务也不一定能按时完成，毕竟谁都不知道执行时会发生些什么。这该怎么办呢？那就得先抓紧做那些重要的事！华为便是这样去做的。华为的项目经理在设置期限时，常常会把时间的重心放在那些重要任务上，而且，还会给它们预留出一部分时间，以防止出现意外。

第五，制定风险防范措施

无论什么项目，都存在一定的风险，唯一的区别就是风险系数不同。其实，在执行项目的过程中，风险本身并不可怕，最可怕的是它无法预料，你不知道它会以何种形式出现，也不清楚它会带来怎样的后果，更不明白它为什么会出现。所以，对待风险一定要小心谨慎，否则，不仅项目会失败，还会损失惨重。

要想规避项目风险，最简单有效的方法，就是在项目启动之前，做好充足的防范措施。例如，通过预测、评估和识别等手段，罗列出项目执行时可能会出现的风险，然后再针对这些风险设计合理的解决方案，便能确保项目顺利地进行。

管理红绿灯

其实，除了上述情况外，还有一项计划也很重要，那便是沟通！

众所周知，但凡是跟人有关的事，就必然离不开沟通，做项目也是如此。试想，倘若项目成员之间没有交流，那么，项目信息便不能快速地传递，出现了问题也无法及时得到解决，项目资源更不可能一起共享。对此，华为的项目经理就做得很棒，他们会在执行项目前，先制订一份详细的沟通计划，通常，上面有明确的沟通方式、沟通内容和信息的发放时间等，以便于团队成员相互沟通。

定个标准，谁都甭想蒙混过关

“

任何工作都要有个标准，否则你怎么知道它完成得好不好？

”

相信，任何项目团队都有“滥竽充数”的人，不同的只是数量多少而已。的确，人难免会有惰性，尤其是在项目的强压下，即便心里想认真工作，身体也会不自觉地偷个懒，甚至有些人一打开这缺口，竟变得一发不可收拾。对于这些长期想蒙混过关的“南郭先生”，指望他们良心发现好好干活，那简直就是在天方夜谭，唯有制定一套严密的项目标准，才能使整个项目团队的成员都撸起袖子玩命干！

实际上，制定项目标准的益处远不止如此，它还能规范项目员工的操作，从而避免执行时出现不必要的麻烦。试想，若每一个项目员工都能按照流程工作，并且每项工作皆能达到标准，那么，团队又何愁这项目的质量没保证，不能保质保量地按时完成呢？可见，每个项目团队都得制定一套自己的作业流程和工作标准。

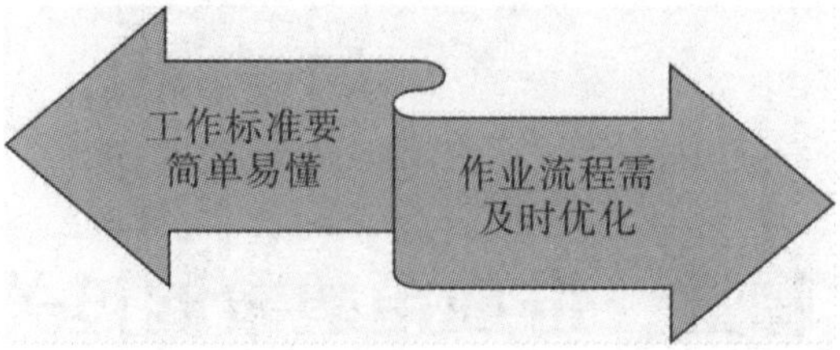

图5-3　项目团队的流程和标准设定

工作标准要简单易懂

别看华为的项目团队现在首屈一指，在创业初期时，只要一遇到难题，它也照样是乱成了一锅粥，由于没有制定好工作标准，出了事都不知道该找谁来负责。

有一次，华为的项目团队接到了一个新任务，前期的工作倒还顺利，但到了后期却遭遇到不小的麻烦。由于该项目的产品电子数据容量很大，所以，在后期升级时进度有点缓慢，结果一个不小心超出了预定的时间，以致客户不断地投诉。在处理问题时，项目人员相互推卸起责任，谁都不愿去处理，这还不是最可怕的，最可怕的是因为企业没制定工作标准，竟任由这些人扯皮，愣是没人去管客户。

结果可想而知，最后问题虽得到了解决，但华为却永远失去了这位客户！

此事的发生，引起了任正非的高度关注，为了避免华为再次出现类似的情况，他当即决定要制定一套完善的工作标准。于是，项目经理们都动了起来，经过一系列的考察和梳理后，华为的每个项目都有了自己的工作准则，而在这套标准的监督下，项目员工的工作变得愈发规范，并且，还都明确了自己的责任。

很多时候，与其说如何管理项目，不如说怎样管理项目团队的成员，唯有每个项目人员都认真负责地执行任务，才能确保该项目可以保质保量地按时完成。可要做到这一点，却并没有那么容易，且不说执行中会遇到各种难题，仅仅是那些“南郭先生”，就足以让项目麻烦不断，不少项目经理都因此而头疼不已！

其实，要解决这个问题也不是很难，关键就在于能不能制定出一套完善的工作标准，从而让项目员工们自动自发地努力工作。对于每一个团队来说，制定项目的工作标准都十分有必要，因为它不但能降低项目员工执行时的出错率，还可以缩短项目的完成时间，更重要的是，它能方便项目经理来为整个项目把关。

只不过，在具体的项目中，评判工作的标准并不一致，要知道，项目的分段作业流程不可能只有一项，有些甚至能达到千百项，若给每一项都定个标准，就算项目员工愿意去执行，项目经理也会嫌累得慌。对此，聪明的华为人想到了一个好办法——将相同或相似流程的标准合并在一起！与此同时，华为还将复杂的标准简单化，不但为项目员工节省了完成任务的时间，而且给项目经理的考核带来了便利。

作业流程需及时优化

华为作为一个国际大企业，几乎每天都有新的项目诞生，甚至有时还会几个项目同时进行。对此，华为有一套独特的作业流程，明确了项目人员在哪个部分要完成哪些工作，以及在哪个阶段应该做哪些事。通常，执行小组在接到任务后，都得第一时间做份详细的工作计划表，并且，必须按照轻重缓急的顺序来依次排列，与此同时，他们还要准备好每项工作所需的相关工具和资料，等等。

正是这套严谨的作业流程，让华为的项目团队养成了良好的工作习惯。

一般情况下，项目成员会把项目常用的工具和资料摆在手边，便于自己查阅和使用；对于那些不常用的，则会被他们放在稍远的位置，以节省空间；而那些用过之后，不确定后面还需不需要的，他们就会放在一个特定的区域……为了方便员工查找资料，华为专门制作了一个十分好用的检索表，上面罗列了所有企业文件的内容和名称，只要你不是文盲，便能很快找到自己想要的那份资料。

可以说，华为的项目团队之所以能屡战屡胜，这套作业流程功不可没！

每个团队的产品不同、项目不同，员工的能力和素质也各不相同，华为的作业流程不一定就适合你，但有一点却是相同的，那就是大家都想更快、更好地完成项目。要想达到这个目的，就必须让那些“滥竽充数”的“南郭先生”们也变得积极起来，对此，最简单有效的方法便是制定一套严苛的作业流程。

然而，很多企业在制定作业流程时，却只关注它的可行性，以致忽略了实用性。不可否认，作业流程越详尽越有利于项目员工操作，可太过繁冗复杂的作业流程，非但不能起到提高效率的作用，相反，还会造成项目人员重复工作，让“南郭先生”有空子可钻。若遇到流程只有几个环节的小项目倒也罢了，一旦遭遇流程有成百上千个环节的大项目，那么，项目人员简直是想死的心都有了！

可见，项目的作业流程绝不能一成不变，而应当根据实际情况及时优化。

对于这一点，华为就做得很到位。只要项目经理发现了作业流程有不合理的地方，他便会立刻抛弃这曾经的“战友”，然后针对那些不当的环节和目前的实际情况，重新设计一套利于团队执行的新流程。为了让新流程更受欢迎，项目经理不仅会保留原有的优点，还会广征大家的意见，以使项目能更高效地完成。此外，他还会不停地拿它来做实验，直到它既实用，又能满足可行性为止。

管理红绿灯

任何一个团队，若想更好地完成项目，势必少不了要用到一些项目工具，对此，我们国内就有一款项目软件还不错，它的名字叫作“日事清”！

在这款“日事清”的软件中，项目组可以创建自己的团队，从而达到资源共享的目的。同时，项目经理还可以建立公共看板，将项目的规划、目标和具体的行动列在其中，若担心某些项目成员没时间看，他甚至可以用卡片的形式，直接把任务分配给具体的负责人。此外，对于项目员工来说，“日事清”不但能帮他们按轻重缓急给工作分类，并且，还能在上面写计划、做记录、做总结等。

沟通得顺畅，不然容易“卡壳”

> 管理者不能每天都坐在办公室里，靠听取员工的汇报来做决策，而应当主动走出办公室，与员工们进行沟通，多听取他们的意见和反馈。

可以说，要想更快、更好地完成项目，项目团队就离不开“沟通”二字，尤其是接到一个需要各部门共同协作的项目时，沟通更显得尤为重要。很多时候，项目之所以会“卡壳”，往往就是因为团队的成员之间缺乏沟通，或者是沟通没有到位，从而引发了不必要的误会。倘若整个项目各环节都能做到无缝对接，那么，不仅可以有效提高执行项目的效率，还能减少项目团队的内部矛盾。

其实，绝大多数项目团队都知道沟通的重要性，但在实际操作中，却依然会出现这样或那样的问题，如有些项目人员不愿打扰别人的工作，觉得干完活后再沟通也没关系，谁知竟错过了最佳的沟通时机；而有些项目员工则因工作太忙，一个不小心忽视了信息的变更，待出现问题时再沟通，才发现已经晚了。

显然，要想让项目流畅运行，就必须要解决这些难题，那具体该怎么做呢?

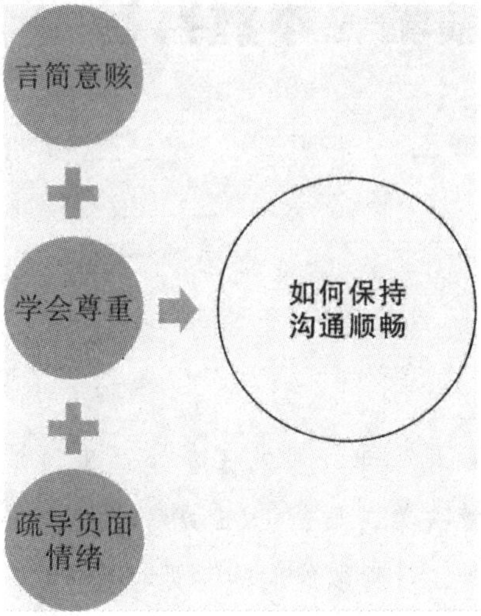

图 5－4　项目沟通顺畅的要素

言简意赅

很多时候，其实并非大家不愿沟通，而是忙得没有时间沟通，尤其是对于那些说话比较啰唆的人，大家压根就不想去搭理他们。为什么？因为这些人不仅说不到重点，还磨磨叽叽地没完没了，跟他们沟通，简直就是在浪费生命！可见，沟通时的语言表达至关重要，即使不能达到一针见血，也必须做到言简意赅。

此外，项目经理在下达指令时，也一定要清晰、明确，绝不能模棱两可或含糊其辞，否则，非但不利于执行，还易让项目人员产生误解，从而造成不必要的损失和矛盾。这就需要项目经理在下指令前，做好充足的准备工作，如厘清自己的思绪，弄清楚指令的重点；深入理解项目任务，搞明白要传达的信息……

总而言之，就是在项目沟通时，无论是主动去沟通的人，还是被别人询问的人，都不能滔滔不绝，一定要抓住重点、要义，并确保自己的话不会产生歧义。当然，若太过惜字如金也不行，这样的确是简洁了，却会让对方摸不着头脑，完全不明白你要表达的是什么，结果说了等于没说，沟通也就是失败的！

学会尊重

在柯达，有种名叫“Open Door”的沟通方式，深受员工的喜爱。其实说白了，就是一些尊重员工的手段：基层员工遇到问题，可以随时去领导的办公室进行沟通，无论是顶头上司，还是更高级别的主管；在公司内部，员工们可以对领导直呼其名，完全不用去管职位的高低，也不必太在意什么级别之分……

柯达这种开放式的沟通方式，不但给了员工充分的自由，也为他们提供了良好的沟通平台，更帮基层员工扫除了沟通障碍，使得他们乐于主动去沟通。

其实，不仅仅是柯达公司，华为也非常尊重自己的员工，并且，还将这一点延伸到了项目管理中，如项目经理常会跟团队成员面对面交流，或了解他们的工作状态和项目完成情况，或听取他们的意见和建议，然后根据这些反馈，对项目进行适当的调整。当项目成员受到关注后，势必乐意敞开自己的心扉，积极沟通。

然而，现实却没有想象中那么美好，不知是因为有级别之分，还是出于内心的自卑，基层员工很少会主动去沟通。相比那些整天坐在办公室的管理者，始终站在第一线的他们，往往更具说服力和发言权，若听不到他们的声音，即便没有导致项目崩塌，也会拖慢项目完成的进度，这对整个项目来说，照样也是致命的。

要想改变这种现象，达到项目上下沟通无阻，管理者就必须放低姿态，学会尊重他人，给予团队成员适当的关怀。请注意“适当”二字，这表示别搞时不时的嘘寒问暖那一套，得真正地用心去和他们交谈，如耐心地听取意见；经常进行换位思考；在指令前加个“请”字；尽量多用“我们”，而不是“我”；等等。

疏导负面情绪

这天，几名华为员工在电梯里抱怨，因公司开发的基站没有财务系统，弄得他们为了报销出差的费用和其他支出，要在基地和总部之间来回跑，简直累死个人！正当他们聊得热火朝天时，电梯却停在了总裁办公室这一层，更让他们觉得尴尬无比的是，任正非竟从这座电梯里冒了出来，径直走向了自己的办公室！

任正非走后，这几个抱怨的员工都被吓得说不出话来，他们心想：这下完蛋了，准备卷铺盖走人吧！谁承想，华为非但没有裁他们，还在开发基地建起了财务系统，不仅如此，公司还多了一个专门的意见箱，好让员工多提宝贵意见。

对于项目团队来说，即便工作的环境和氛围再好，也免不了会产生不满和抱怨，并非是那些项目成员难伺候，而是有些问题根本就无法避免。一个优秀的项目经理，也许能将项目做得风生水起，却阻止不了项目成员滋生负面的情绪，对此，有些项目经理选择不闻不问，有些则严厉打击，甚至有些还会加以惩戒。

殊不知，这些强行压制的手段，不仅起不到任何作用，相反，还会激发项目成员更大的怨气，不利于身心健康是一方面，若影响到项目的进程，那可就损失惨重了！此外，项目成员带着怨气也没法与之正常的沟通，哪怕项目经理拿出百分之两百的诚意，项目成员也不见得会“买账”。可见，对于项目成员的不满，一定要及时地进行疏导，让他们发泄出来，唯有这样，才能听见他们内心真正的声音。

对此，华为的“一把手”任正非表示，员工的意见和建议对企业的发展很重要，只有知道员工们的心里在想些什么，才能更好地和他们进行沟通，同时，需要积极地针对问题做出改善和调整。即使员工的意见不能全部采用，管理者也要根据自己的知识和经验做出正确的判断，从而配合项目成员更好地去完成任务。

管理红绿灯

不可否认，所有的沟通都只有一个目的，那就是提高团队效率，尤其是在需要各部门配合的大项目中，若没有了沟通，该项目便会寸步难行。此时，聪明的项目经理常会创建一个相互传递信息的平台，让大家把资源都拿出来共享，以建立项目团队与各个部门之间的信任，从而为彼此接下来的沟通打好基础。

只不过，这个维系着友谊的平台并不好找，因为它必须既能发布信息，还得能及时地进行沟通。对此，我们不妨向华为借鉴，它就是常用微博、微信等这些易用的通信工具，来强化成员之间的沟通，以减少项目团队中的矛盾和误会。

严密监控，确保项目的质量和效率

“

及时发现员工的错误很重要，更重要的是将错误指出来，改正掉，不让属下在错误的道路上越走越远，就是一个管理者最大的成功！

”

无论你相不相信，惰性都是长在我们骨子里的东西，只不过，那些自控力强的人能战胜它，而没自控力的人则会被它俘虏。对于做项目来说，在长期的疲劳轰炸下，难免会有人想偷个懒，无论他们是有心还是无意，都会给项目带来某些影响。对此，就需要管理者对项目进行严密的监控，以确保项目的质量和效率。

ZON Optimus 是一家由葡萄牙和法国合资的电信企业，华为曾跟它合作过一个大项目，该项目时间紧、任务重，可以说是一块非常难啃的“硬骨头”。

按照项目计划，华为必须在 10 个月内完成 500 多个基站。面对如此艰巨的任务，华为人竟一点都不慌，只见他们首先开始分析项目的工期和任务量，然后将整个项目分成单个的小项目，并给每个小项目建立了月、旬进度控制表，以便随时对它们进行监控。很快，他们第一阶段的任务便出来了，那就是要在一个半月内完成总基站数的30%，同时，他们还得帮80多个现网基站“挪个位置”。

在执行第一阶段任务时，华为的项目经理按照做好的进度控制表，对员工进行全面监控，只要有问题出现，他便会及时地调整进度计划，以确保项目能够如期完成。而为了减低项目的事故率，项目经理还对那些细枝末节的地方进行了严密、细致的监控，力求做到让每一根电线、每一个螺丝钉都是最安全的。

就这样，该项目团队边追赶时间边检查质量。终于，在他们艰苦不懈的努力下，第一阶段的任务顺利完成，后面的项目任务也都保质保量地按时完成了。

华为的项目大多复杂又颇具规模，而且要求完成的时间也较短，所以，分配到员工手上的任务是数量又多、时间又紧。可即便如此，华为人却很少会延误交期，甚至有时还会提前完成，他们是怎么做到的呢？其实，他们只是做了两件事而已！

图5－5　实施项目监控的必要手段

全程监控，及时调整进度

现在，麦当劳和肯德基在中国混得是风生水起，俨然已成为快餐业的两大巨头，殊不知，它们刚入驻中国时，压根就没人愿意搭理。当年，在北京王府井的大街上，几乎每次假期都人山人海，而最受游客欢迎的食物，就是北京的烤鸭和天津的狗不理包子，至于肯德基和麦当劳则人迹罕至，有时甚至一天都没几个人！

为了在中国市场站稳脚跟，肯德基和麦当劳除了在营销策略上大做文章外，更对食物进行了严密的全程监控：麦当劳为了保证薯条的美味口感，监督供应商只采用那些在最佳地理位置长出来的土豆；肯德基则监督员工将鸡块在面浆中浸泡15次，然后才能拿去炸制成美食……正因为如此，后来我们才把目光转向了它们！

众所周知，肯德基和麦当劳的食物口感极好，它们虽经常被模仿，却从未被超越，即使它们的定价比同行高，顾客也照样买账。其实，华为也跟肯德基和麦当劳一样，都对项目实行了全程监控，从而保障了项目的质量与完成的时间，并有效避免了人力、物力和技术管理方面的失误，为企业赢得了良好的口碑！

在华为，项目经理会随时了解项目实际完成的进度，一旦发现有偏差，就会及时分析其对后续工作和总工期的影响，若影响较大，它们就会根据分析，对项目进度进行调整，并重新制订一份符合现实和要求的新进度计划。对于好胜的华为人来说，仅仅只是稍作调整还不够，有时，他们还会向原进度计划发起挑战。

项目经理通过这种全程监督的手段，不但能牢牢掌控项目任务中的每一项工作，而且，即使任务再重、工作再多，他们也能以此督促项目员工如期完成。

监控细节，确保项目质量

20世纪末的一天，华为因细节上的疏忽，将一台故障机当成新机发给了客户，这时，公司的危机公关人员建议立刻派人去赔礼道歉，并用新设备换回故障机，以减少企业的损失。但任正非却持反对意见，他觉得如此轻易地解决这件事，不足以给员工们一次教训，于是他坚决不同意换！最后，华为为此赔了一大笔钱！

事后，华为的员工们非但不敢忽视细节，还在操作流程中设置了很多细微的规定，如人在交换机配线过程中，一定要把彩色线扎在外面，而且不能交叉。对此，很多外人都感到疑惑：“线扎得再好，机门一关，谁能看得到?”华为人解释道：“对，我们的确是什么都看不到，但人家修理师傅看得见，方便维修。”

有些人或许觉得，对于一个大项目来说，那些鸡毛蒜皮的小事，压根就不值得一提。殊不知，这种想法大错特错，因为项目中的每一个环节、每一个流程，都有可能导致项目的质量不过关，或拖延项目的完成时间，从而让项目面临失败的危险。所以，绝对不能忽视项目中的每一个细节！

对此，华为曾有过无数次血的教训，因此，华为在这方面管得非常严。通常，为了便于管理者对细节进行监控，华为会将项目员工分成若干个五六人的小组，并在每个小组任命一位组长，而项目组长要负责规划组员每天的工作量，且必须具体到每一个小时，以方便他每天一次的跟踪检查和对组员工作能力的观察。

除此之外，每个项目组长还有红、黑各一个记事本：红记事本上全记录着组员们值得表扬或有进步的事；而黑记事本上则都是组员们做错或没有做到位的事。千万别小瞧了这两个小本本，项目员工能拿多少工资，就看它们都记录了些什么。在这种严密的细节监控下，华为的项目几乎很少出错，企业的口碑极好。

管理红绿灯

在执行项目的过程中，进度一直都是至关重要的环节，只要出现问题，就必须及时地进行调整。很多人都知道这一点，可对具体该怎么调整，却一无所知。

对此，华为有两个“锦囊妙计”：一是独立化处理有问题部分，避免问题扩大化。也就是说，当问题影响到整个项目的完成时间时，可在客观现实允许的条件下，将有问题的部分进行处理，使其从原有的计划中独立出来，以确保整个项目完成的时间；二是让项目成员们都努把力，尽快搞定那些能提前完成的项目任务。

收好尾巴，越到后面越不能松懈

如果你不善于归纳总结，就会像猴子掰苞谷一样，掰一个、丢一个，最终没有一点收获！

不知是因为前期干活太过用力，把劲儿给使完了，还是出于一种惯性思维的逻辑，觉得难啃的工作都在前面，很多项目团队越到后面便越放松，甚至到了要收官的时刻，他们的脑海里就已浮现出阳光和沙滩了。的确，“万事开头难”，在项目刚开始时，若不小心翼翼地工作，很容易导致不必要的错误，可这并不意味着后期就不重要了，对于项目而言，无论是前期还是后期，都一样相当关键。

华为就很重视项目的收尾，每每到了此时，整个项目团队都会比前期还忙。为什么？因为到了最后阶段，通常也就意味着没时间了，凡事都得抓紧去办！

为了有效控制项目的质量和完成时间，华为设计了一种工具——目标管理卡，它主要包括了任务内容、任务要求和完成期限等，同时，它还列明了实现目标所遇到的问题以及解决方案等。在项目收尾阶段，整个项目团队都要认真仔细地审查目标卡，项目成员以此来找自己的纰漏，项目经理则是识别任务的完成度。

一般情况下，华为的项目经理会从几个方面来评估项目成果：对比实际支出费用和初始计划费用，看它们相差多少；项目完成的时间有没有超过预期；产品质量是否达到了客户的要求；等等。倘若项目经理一个不小心找到了漏洞，那么，整个团队就得对项目进行改善和修补，这时，他们可能连上厕所的时间都没有了！

在华为，凡事都得有始有终，无论项目是大还是小，也不管它究竟成功还是失败，收官这一环节是必不可少的。也许，很多人觉得收尾还不简单，无非就是这里检验一下、那里审查一下，你还真别小看了这些手段，若不是它们在最后把个关，再将项目成果送到客户的手里，没准你所有的努力都会付诸东流！

要知道，客户验收起项目成果来，那可比咱们自己严苛得多，因为他想要的不仅仅只是最终的成品，还有技术的过硬、操作的便捷以及服务的到位等，但凡有其中一项不能让他满意，那就对不起了，赶紧重新做去！其实，并不是客户的要求太高，而是你的工作没做到位，若在收尾时也兢兢业业地干，哪还有这事！

项目成功通过客户验收了，这下总可以放松放松了吧？别急，对外的工作是做完了，对内的才刚刚开始呢！项目虽算是告一段落了，项目团队的内部工作还得继续！

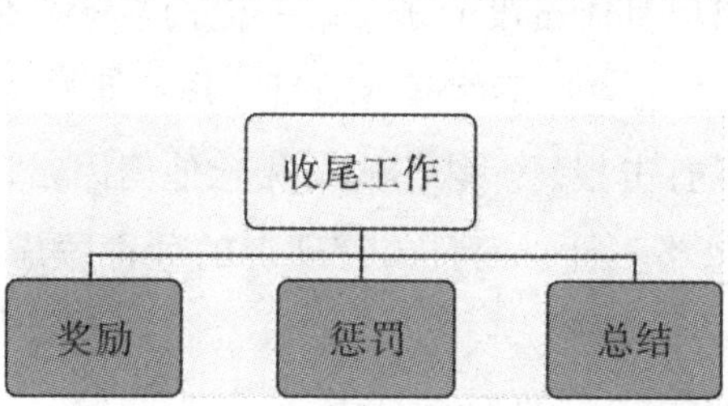

图5-6　项目的收尾工作

有奖励，才能干劲十足

很多时候，企业在项目结束后，总喜欢第一时间去“秋后算账”，的确，犯了错就应该受罚，但在这之前，是不是先肯定一下那些优秀的人，毕竟大家都辛苦了很长时间，一上来就搞什么批评、惩罚的，很容易伤害项目成员“幼小的心灵”，而且，这也不利于项目团队的安定团结。所以，“开胃菜”还是来个奖励比较好。

无论项目是成功还是失败，奖励都很有必要。那又该怎样去奖励呢？若能直接给现金，那当然最好了；如果给不了，来个升职的机会也不错；要是这两样都没有，就补充点精神食粮吧！其实，项目员工之所以努力地工作，并不仅仅是因为金钱和地位，还有对自身价值的肯定和认可，哪怕只有一句真诚的表扬，也能让他们在今后的项目工作中开足马力，撸起袖子勤快地干活。

只不过，需要注意的是，对项目员工的表扬一定要拿捏好分寸，既不能太夸大其词，令他们滋生骄傲自满的情绪，也不能过于敷衍了事，使他们觉得不受重视，唯有实事求是地表扬，才能让所有人心悦诚服，包括那些没获得表扬的成员。

别有顾虑，错了就得罚

聊完了奖励，接下来就要说说惩罚了。提及这惩罚，很多项目经理都不免会有所顾虑，如怕项目成员没面子，万一他们下不来台多尴尬；或怕跟成员的关系变得紧张，担心今后不好开展项目工作；抑或怕从此得罪了这些人，他们会在下个项目里打击报复。殊不知，相比他们因错误而造成的危害，这些小问题简直可以忽略不计，而且，管理者的种种顾虑，不但会害了自己，更会害了团队。

所以，对于那些犯错误的项目员工，一定要给点教训，好让他们长长记性！

但是教训也不能乱给，无论是批评还是惩罚，都必须拿出确凿的证据来，绝不能凭空胡乱指责，这样才能让对方心服口服，从而减少不必要的矛盾，更重要的是，这能让对方清楚自己的问题出在哪，便于以后改正。此外，还要注意惩罚的方式和力度，做到点到为止即可，以减少对方的抵触心理，使其乐于接受。

经验都是总结出来的

联想有一套独特的总结法——“复盘”，员工“复盘”后，每每都收获颇丰，华为虽没有像联想那般，给总结和反省取个专业化的名称，但做起来却一点也不比联想差。每次项目结束后，无论成功与否，华为人都会总结经验和教训，并认认真真地做好记录，如执行项目时遇到了哪些困难，为什么会出现这些问题，最后采用了什么方案去解决，对于这些难题自己又做何感想，等等。

其实，任何项目到了最后，都要进行归纳和总结，以从中吸取经验和教训，否则，我们就不知道哪些优点该保持、哪些缺点得改正，进而避免下次再犯同样的错误。华为的团队效率之所以这么高，关键就在于养成了事事总结的好习惯，那些随时间累积下来的丰富经验，自然会告诉他们怎么做才能提高效率。

管理红绿灯

也许，在很多人看来，只有批评需要讲究方式方法，奖励压根就用不着这么做，殊不知，奖励也是要看对象的，否则照样会一不小心得罪了对方。所以，项目经理对于不同的人，得采取不同的奖励方式：例如有些项目成员天生内向、腼腆，奖励就不宜搞得太过隆重，以免给他造成额外的心理压力；而对于那些虚荣心较强的项目成员，奖励就得怎么显目怎么来，以满足他爱表现的心理需求。

华为做项目：确保人尽其责

“

我们要带着一份责任心去工作，不然很容易出乱子！

”

俗语有云：“人多力量大。”的确，一群人往往要比一个人更容易办成事情，但在执行项目时，有时结果却会恰恰相反。当项目经理将任务交给个人时，他不仅能很快地完成，而且当遇到困难后，也能迅速地解决；可当这个任务由小组来执行时，项目进度却变慢了，一旦出现了问题，该任务简直就像停止了一般。这是个什么情况？

原来，都是人多惹的祸！当一个人执行任务时，既不用分工，也没有顾虑，更不必明确什么责任，因为横竖只有自己一个人。可一旦人多起来，事情就没那么简单了，不仅要合理地安排人员、科学地分配任务，而且还得明确每个人的责任和义务，而只要其中的一项没做到位，那么，这项目便有可能会遭遇失败。

张强刚进华为时，还是一个什么都不懂的实习生，但他凭借多年的努力，终于爬上了项目经理的位置，他第一次接到项目时，内心是既紧张又兴奋。

张强虽在华为干了多年，但在做项目这事上，他可是个货真价实的新手，为了能更好地完成项目，他四处学习经验，待一切准备就绪后，他才带领着自己的团队开始干活。紧接着，他按照前辈们的经验指示，一步步地开展项目工作。他原本对自己很有信心，却突然发现竟忘了最重要的一环——没有将责任划分到具体的项目人员身上！他只是大概地分配了一下工作，让各小组完成不同的阶段。

此时，项目已经进行到了一半，张强觉得这么长时间都没有出纰漏，后面应该也不会发生什么事，考虑到时间有限，于是，他抱着侥幸的心理没有重新调整，而是继续努力干活。谁知，没过多久便出问题了，由于他事先没明确项目的责任，结果大家都你推给我、我推给你，竟没有一个人肯站出来处理。

无奈之下，张强只好亲自上阵，才算解决了问题。这件事过后，张强做的第一件事，就是将每个人的职责都划分得清清楚楚，最后终于顺利地完成了项目。

执行项目时，类似于张强这样的情况时有发生，只不过，有些管理者却没他那么明智，能及时地站出来解决问题。通常，最后的结果不是不了了之，便是让所有项目成员一起来承担。前者做法倒是还出不了什么岔子，顶多也就是导致管理比较混乱；后者的危害那可大得多，可能会让团队成员心生不满，进而影响内部的安定团结。

其实，说来说去还是管理者的错，为什么？因为是他没做出妥善的安排，才导致下面的那些人不能人尽其职。要知道，人是一种有惰性和依赖性的物种，自己一个人时倒还好，但凡是两个人或两人以上，这些劣根的本性便会暴露无遗，总想把担子推给别人，而自己则悄悄地藏在角落里，边嗑瓜子边看戏！

可见，项目经理在分配任务时，一定要确保每个团队成员都各尽其责，将责任具体落实到每一个具体的人身上，唯有这样，才能在出现问题时，第一时间找到该负责的人来处理，从而避免企业遭受更大的损失。此外，这还能有效督促项目成员的工作，让他们不敢有丝毫的懈怠，届时，自然也能提高项目的效率。

那么，如何才能让项目成员们各尽其责呢？咱们来看看华为是怎么做的。

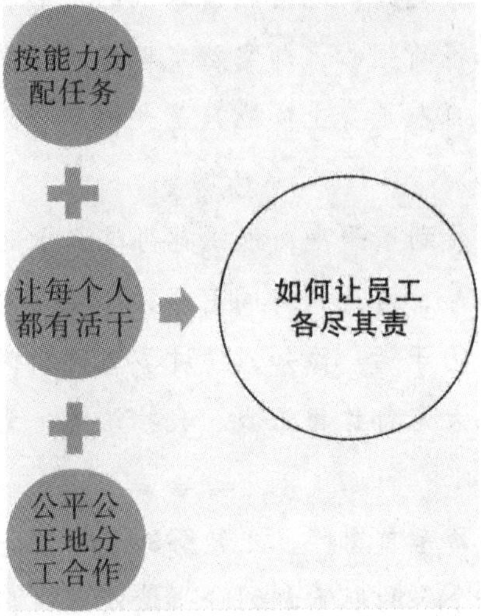

图 5-7　让项目成员各尽其责的方法

按能力分配任务

当项目员工表现得不尽如人意时，其实并非是他的能力有限，而是项目经理没把他放对位置，以致他发挥不出自己的优势，自然也就无法做出成绩来。每个人都有自己擅长和不擅长的事，若项目经理能将团队成员放在各自擅长的领域，那么，他们工作起来定会游刃有余、越干越有劲，没准还能提前完成任务呢！

所以，项目经理在分配任务时，绝对不能只凭自己的感觉，这可不是闹着玩的，它直接关系着项目能否顺利进行。所以，管理者一定要根据团队成员的个人能力，来合理地分配项目任务，否则，你就别指望项目能更快、更好地完成。

让每个人都有活干

在一个不成熟的项目团队中，往往会发现一个有趣的现象：大多数人都在埋头苦干，他们不是忙着找资料，就是奋笔疾书地演算着数据，却有极个别人无所事事，这里看一看、那里翻一翻，似乎这个项目跟自己没什么关系。显然，这极易造成项目员工之间的矛盾，从而影响团队的安定团结，不利于项目的顺利进行。

之所以会出现这种两极分化的情况，就是因为项目经理分工不明确、责任划分不清楚，以致团队成员不知道自己该干什么，以及具体应该负责哪部分的工作。因此，项目经理在分配任务时，一定要给每个成员指定工作的范围，以及确保每个人都有事可做，唯有如此，才能杜绝项目团队里出现无所事事的闲人。

公平公正地分工合作

有些项目经理很信奉“能者多劳”的理念，于是，在分配任务时，常常会下意识地多给有能力的人一点任务，殊不知，这容易导致工作量严重失衡，使得成员之间产生不必要的矛盾，从而不利于项目团队长久稳定的发展。要知道，项目任务可是成员们表现和证明自己的大好时机，若项目经理“偏心”得太明显，必会引发任务较少者们的不满，同时，他们还会觉得团队领导不重视自己，没了归属感。

因此，项目经理一定要确保大家公平、均衡地分工合作，这不但能大大提高成员们的工作效率，还可以维系团队内部的安定团结，利于项目更快地完成。

管理红绿灯

不知是真的为了项目好，还是出于自己的私心，很多项目管理者在分配任务时，常会有意识地让自己看好的下属，或者是能力强的团队成员多干点活。

的确，相对于其他成员来说，这些人更能让项目经理放心和省心。殊不知，这不但会破坏项目团队的平衡关系，并且也不利于项目团队长期稳定的发展。不仅如此，那些活多的人可能会因工作太多、压力过大，一不小心容易出错；活少者则会因空闲的时间较多，而渐渐沾染上懒散的恶习，久而久之，就会对工作失去兴趣。

因此，项目管理者应当学会一视同仁，并做到公平、公正地对待每个团队成员！

第六章

人才：烧不死的鸟就是凤凰

「

总有一部分人受委屈，烧不死的鸟是凤凰！

」

别管劳动者，得多培养奋斗者

“

我们培养人的目的，是要为实现企业目标而努力奋斗。如果让缺少这种品质的人担任了各级负责干部，团队就会逐步惰怠，就像温水煮青蛙一样，企业会逐步萎缩。

”

也许，在大多数人眼中，劳动者与奋斗者的区别并不大，他们同样都是为企业工作。殊不知，华为却将两者分得相当清楚，新员工进来的第一件事，就是要做道选择题：是做自愿放弃年假、婚假、产假的奋斗者，还是做可以享受假期，但取消年终奖、股票分红，同时升迁、调薪等均受影响的劳动者？显然，只要有点脑子的人，都会选择做奋斗者，即便内心觉得不合理，也会默默地选择接受。

为什么呢？因为华为逼得他们别无选择，不奋斗就甭想在这混得风生水起。其实，在这份看似野蛮的协定背后，蕴藏着华为人才管理的真谛：谁给我撸起袖子玩命地干，谁就能升职加薪、前途无量！在这一理念的贯彻之下，即便是天生的懒鬼，都不得不卖命工作。

这便是华为的高明之处，人才必须得有贡献，否则就滚到庸才那边去！

1988 年，中国正经历着前所未有的商业变革，不少人抓住机遇开创了自己的事业，其中便有已到不惑之年的任正非，他跟几个朋友建立了一家代理销售交换机的小公司——华为。随着信息时代的到来，类似的企业如雨后春笋般冒了出来，以致行业竞争越发激烈，为了让华为得到更好的发展，任正非决定实行“奋斗者人才策略”：在不断招兵买马的同时，重点培养能实现企业目标的奋斗者。

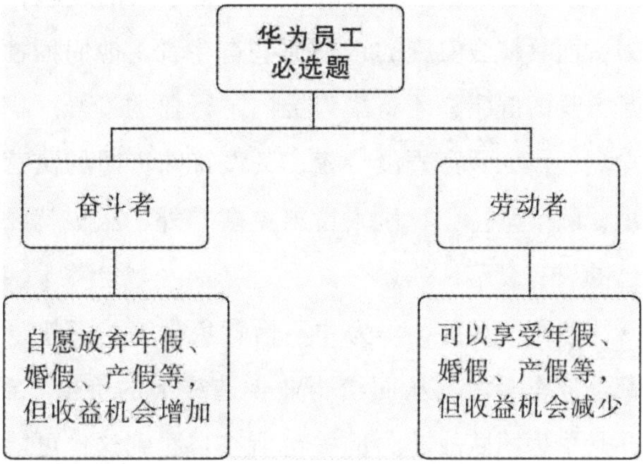

图 6－1　华为员工必选题：做奋斗者还是劳动者？

为了实施这一人才策略，任正非不但提出了“以奋斗者为本”的口号，更是以高官厚禄作为激励条件，激发员工们成为为企业拼尽全力的“拼命三郎”！一时间，几乎所有华为人都如打了鸡血般地努力奋斗，而在他们的奋力拼搏之下，华为的业绩是节节攀升，一举摘掉了“小企业”的帽子，渐渐开始走向大众的视野。

2010 年，一向不按常理出牌的华为又有新动作，它在企业内部组织了一场轰轰烈烈的“奋斗者宣言”活动，其目的依然是为了培养更多的奋斗者，但与以往有所不同的是，这次做得更彻底，也更加疯狂！该活动要求所有员工提交一份自愿成为奋斗者的申请，不提交者则自动划入普通劳动者之列。

那么，奋斗者与劳动者究竟有何区别呢？两者之间的差异可就大了去了：奋斗者要承诺放弃带薪年假、非指令性加班费，以换取年终奖、股权分红和快速晋升的机会；而普通劳动者则可以享受以上福利，但在考核、晋升、股票分配等方面“可能会受到影响”。至于这里所说的“受影响”会到何种程度，没人知道，但有一点却十分明确，那便是想要升职加薪就得做奋斗者！

不可否认，华为之所以能获得今天的成就，源自它在很多方面做出的努力，而具体去实施的正是那些奋斗者，他们牺牲了大量的时间和精力，甚至是自身的健康，才将华为推向了行业的巅峰。华为深知，市场竞争只会愈演愈烈，作为一家既没特权，又没特殊资源的民营企业，要想在行业中脱颖而出，除了坚持“比别人付出更多”外，压根就没第二条路可走，否则等待自己的只有衰落！

正因为如此，华为才不惜背负员工的埋怨、外界的骂名，也要将华为人都逼成奋斗者，从而给企业创造最大的价值。显然，这是华为的管理智慧，亦是华为团队战斗力的关键所在！看到这，可能有人会问了：那怎样才能找到那些奋斗者呢？对此，我们大可不必太费脑子，借鉴华为的“三分员工甄别法”就行！

普通劳动者

这类员工缺乏斗志，既没野心，也没什么上进心，说白了，他们就是想混一份稳定的工作，过安逸的日子。通常，这些人只需按法律相关的报酬条款，保护自身的利益，华为会根据公司的经营情况，给予他们稍好一点的报酬。可以说，这是华为对该群体的关怀，使其在安稳度日的同时，能做好自己的本职工作。

一般奋斗者

这类员工在团队中十分常见，华为对他们往往持理解态度，毕竟想按时下班、过温馨的家庭生活是人的正常需要。针对该群体，华为通常会视情况而定，若公司有合适的岗位就给予安排，如果没有，他们大可去社会上找。相对的，华为对他们要求也不高，只要他们做出的贡献能大于支付成本，就可以在企业生存。

有成效的奋斗者

这类员工不仅是华为急需的，亦是每个团队都需要的人才，他们既有才华，又有能力，更重要的是，他们将工作当作自己的事业，乐意为此奉献一切。而对于他们的付出，华为给予的报酬也相当可观，他们能成为企业的合伙人，可以直接分享企业的收益，如年终奖金、股权分红等，同时培养他们成为中坚力量。

管理红绿灯

现实生活中，不少管理者都希望团队成员能玩了命地干活，恨不得他们像台机器一样全天24小时工作。殊不知，每种类型的员工皆有自身的存在价值，在团队中，并非所有岗位都得斗志昂扬才能出效益，例如，最基层的工作就需要普通劳动者来干，没什么野心的他们，恰好能安分地去做那些枯燥无味的活儿。

可见，奋斗者虽好，却也不能一味地贪多，否则，团队的内部框架便会乱了套，甚至还有倒塌的危险。届时，别说培养什么奋斗者了，没准连他们的影子都很难找得到！所以，咱们培养归培养，可千万不能弄丢了那些普通劳动者！

奋斗掺不得假，坚决抵制“赝品”

> 大家要警惕那些专看上司脸色行事、阿谀奉承的人，他们不是在为公司工作，而是为了个人的利益工作，这样的人留不得，无数历史经验教训都证明了这一点。

在所有团队中，总有这样的一群人存在：但凡有领导在时，他们都干得非常起劲；可领导前脚刚走，他们后脚便跟换了个人似的，不是玩手机，就是在电脑上打游戏。对于这些假奋斗者，每留在团队里一天，团队就会多一分危险。也许，那一点点的危险，现在对团队还构不成威胁，可若迟迟不去处理，这分危险就会越滚越大，直到变成了一种危机，到那时，团队做什么都可能已经没用了。

对此，华为的任正非就看得很透，他对奋斗的定义是：“为客户创造价值的任何微小活动，以及在劳动的准备过程中，为充实提高自己而做的努力均叫奋斗，否则，再苦再累也不叫奋斗。”在任正非看来，只有能创造价值的人，才有资格被称为奋斗者，若创造不出来价值，那就乖乖地去劳动者报到！

也许，世人对“毛生江”这个名字不太熟悉，但在华为，不知道他的人少之又少，他之所以能在华为名声大噪，是因为“烧不死的鸟是凤凰”这句话，就是任正非从他的经历中总结出来的，而毛生江在华为的经历，则充满了传奇色彩。

1992 年，毛生江加入 08A 型机项目组，后来担任了项目组经理；

1993 年 5 月，他开始担任开发部的副经理、副总工程师；

到了同年 11 月份，他却在生产总部当上了一把手；

1995 年，他又被调去了市场部，并做了那里的代理总裁；

1996 年，他摇身一变，成了终端事业部的总经理；

1997 年，他在“华为通讯”担任副总裁的职务；

1998 年 7 月，他被调去山东当开拓者，并成了山东华为的总经理；

2000 年 1 月 18 日，他直接成了华为的执行副总裁。

毛生江既没有过硬的后台，也不会溜须拍马那一套，他之所以能在华为升得如此快，完全是因为他艰苦奋斗的精神，他通过自己的不断努力，给华为创造了一次又一次的价值，而华为在像他这类员工的推动下，也迎来了前所未有的成功。

华为一直都非常重视人才，只不过，它并不像有些企业那般，将目光死死地盯在学历、实力和资历之上，而是耐心地观察他们有没有奋斗精神，以及是不是真正的奋斗者。对于那些企图以假乱真、混淆视听的“赝品”，华为不但会进行坚决抵制，而且还会千方百计地把他们揪出来，并做出妥善的安排和处理。

在生活中，那些假冒的奋斗者并不易被察觉，团队要想揪出他们来，也不是件容易的事，对此，我们不妨向华为学习，借鉴一下他们的方法和处理手段。

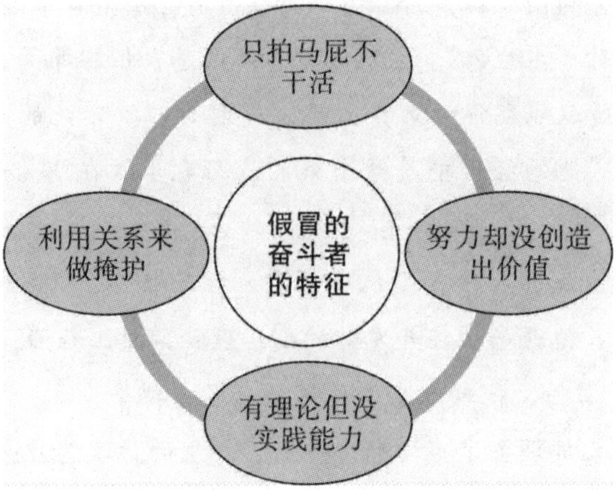

图6-2　鉴别假奋斗者

只拍马屁不干活的人

相信，几乎每个团队都有这样的人，不同的只是数量多少而已，他们把自己的所有心思，全放在了讨好领导这件事上，自然创造不出什么价值来。若团队觉得这不是什么原则性的问题，因此对他们网开一面的话，那就大错特错了，要知道，他们不惜费时费力、丢掉自尊地拍马屁，绝不会仅仅只为偷个懒那么简单，他们真正的目的，常常是为了给将来不小心犯错做准备，以逃避责任。

对于这类人，任正非强调："下级看领导脸色行事，在事情的判断上，不是以客户需求为导向，而是看主管是否认可，只要按主管的意见做，即使错了，也是主管的责任，自己不用承担责任，这是公司存在的大问题。长官导向不扭转，公司就会偏离客户导向，就会衰退！"华为对这类人从不心慈手软，会直接将他们清理出去。

利用关系来做掩护的人

团队中还存在一类人，他们利用各种关系来做掩护，让自己升职加薪，虽没有什么真本事，却身居高位。不仅如此，即便是一不小心犯了错，他们也会利用关系的便利，让自己在另一个地方继续高升。通常，这类人非但创造不出任何价值，而且还会不断消耗团队的资源，动摇团队的根本，从而危害到团队的发展。

对于这类既没能力，又没干劲的人，华为的做法是：先让他们从管理岗位上下来，然后送去基层锻炼，若他们能做出成绩来，再考虑给不给晋升的问题。

有理论但没实践能力的人

不知是为了图表现，还是出于自身的兴趣爱好，有些员工一味地钻研理论知识，却对实战经验视而不见，从而导致说起来头头是道，做起来却什么也不会。没实践能力，自然不可能有业绩，理论可创造不出价值来。对此，任正非指出：我们不能以懂什么来评价一个人的价值，而要以会干什么来作为评价的依据。

对于这种只有理论知识、没有实践能力的人，大可以直接丢到实践的岗位上去学习、去历练，待他们慢慢地做出业绩后，那也会是一类不可多得的人才呢！

努力却没创造出价值的人

怎么说呢？这类人工作起来倒是不含糊，但却愣是没创造出一点价值来！

这类人每天都加班，而且几乎是全年无休，可是效率非常低，怎么都出不了成果。对于这类人，团队是既心疼又头疼，不知道该拿他们怎么办。通常，多数团队会念在“没有功劳、也有苦劳”的份上，给予他们一些适当的奖励；有些团队甚至为了带动其他员工，将他们当成了正面教材来用。对此，华为却持反对的态度，因为在它看来，评定一个员工是不是奋斗者，绝不能只关注加班记录！

至于这类人该怎么处理，华为的态度很明确：不能为客户创造价值的人，就是多余的人，那些不能对客户产生贡献，且专门搞假动作的员工要坚决清退！

管理红绿灯

团队在处理“功劳”和“苦劳”的问题上，常常会不自觉地往“人性化”靠拢，站在人性的角度来讲，这样做倒也无可厚非，毕竟人家为公司付出了很多。可是，若从团队的立场出发，承认“苦劳”就等于是在质疑效率，这不仅会让别有用心的员工钻了空子，还会扰乱团队原有的制度，十分不利于团队的发展。

对此，任正非指出：“我们不主张加班加点，不该做的事情要坚决不做，这方面的节约才是最大的节约!”其实，我们应当学习华为的做法，对于那些效率低下、光做无用功的人，决不能因为他们的“苦劳”，而对拿不出业绩这个事实装作看不见，应当把他们和业绩不好的人归在一起，该怎么处理就怎么处理。

想要惊喜，就给坐冷板凳的人机会

“在冷板凳上坐的都是一代英豪。希望公司能尽早识别出那些在板凳上坐了多年，有奋斗精神、有贡献、有热情、默默无闻的优秀员工，不要让雷锋们等得太久！”

提及“冷板凳”，很多人的脑海里都会闪现出这些词语：郁闷、悲催，甚至是凄凉。的确，坐冷板凳的滋味不好受，但正因为如此，坐在上面的那个人，才会为了证明自己，而付出比其他人更多的努力，以让自己变得更好、更完美。对于团队来说，与其费时、费力地满世界去找人才，倒不如给这些坐冷板凳的人一次机会，在时间和磨难的历练下，他们早已经脱胎换骨，没准还能给你一份惊喜呢！

看到这，或许有人会说：坐冷板凳可都是有原因的！没错，有些人可能是因为犯了错；有些人可能是因为能力不足，而有些人可能仅仅是因为际遇不佳。其实，无论因何种缘由坐了冷板凳，经过漫长岁月的洗礼后，多数人都早已不是当年的模样了，即便他们没能练就“绝世神功”，至少也积累了丰富的经验，若团队始终揪着这点不放，错过了人才事小，断了坐冷板凳者们的后路，那才是大事了！

这天，华为的内部杂志上，出现了一篇题为“板凳要坐10年冷”的文章，这本是件很平常的事，却让写这篇文章的员工一夜爆红，这是怎么回事？原来，他的作品在华为引起了强烈的反响，大家都纷纷称赞，就连总裁任正非都表扬了他。

说起这位发表文章的员工，其实并不是什么文学爱好者，不过是有感而发罢了。自从他踏入华为后，就一直在坐冷板凳。刚开始，正好赶上公司在实行“博士下一线”政策，于是他被派到基层做“小事”，可在处理那些小问题时，他发现工作并没有大小之分，即便只是一个小零件出了故障，里面都有很大的学问。

从那以后，这位员工就爱上了坐冷板凳，他觉得越是细枝末节的地方，便越会被大家忽视，也就越容易出现问题；而要解决这些难题，则需要考虑到各个方面的因素，正因为如此，处理者常常能学到很多东西。于是，这位员工静下心来，慢慢地在小问题上摸索，他一边坐着冷板凳，一边使劲地学知识。

就这样，这位员工在华为坐了数年的冷板凳后，回首自己的过去，他激动不已，忍不住把这10年的经历和感受都写了出来，并将它投给了华为的内刊编辑部。

当这位员工发表文章时，华为正在努力地追赶思科、爱立信等竞争对手，并逐渐缩小了与竞争对手之间的差距，而华为的产品也得到了广泛的认同。经过一次又一次的成功后，华为人渐渐变得盲目自信起来，内心更是相当浮躁。于是“板凳要坐10年冷”的文章出现后，一下子惊醒了自负的华为人，更给任正非提了个醒，在他的调整和带领下，华为人都停止了做梦，再次全身心地投入工作。

很显然，若不是那位坐了数年冷板凳的员工提了个醒，没准华为人就会被自己的“感觉良好”所蒙蔽，到那时，也许华为就是另外一番景象了。只不过，这种事恐怕永远都不可能发生。为什么？因为华为早已意识到务实的重要性。在任正非的管理箴言中，他一直要求华为人保持平常心，多关注自己的本职工作，其他的都不要去想，工作才是体现价值的最佳方式。

对于这一点，任正非公开表示：“精力应该放在搞好工作上，空抱着那些所谓的远大理想是错误的，做好本职工作最重要，这也是华为文化之一。”不仅如此，他还提倡坐冷板凳，并这样给产品维修专家来定位：“作为一个维修专家，本身就是很光荣的，维修专家的前途就是要帮华为守住阵地，要守20年!”

事实上，华为团队的确有一批优秀的人才，默默地在冷板凳上坐了很多年。

这年，华为科研团队决定不再继续开发110产品，并且，相关的销售工作也随之停止，一时间，曾经被放在手心的110产品，沦为了“没爹没娘的孩子”。华为为什么要这么做呢？原来，由于该产品的很多问题都没办法解决，以致经常接到客户的投诉，公司才做出了这样的决定。110产品“流产”后，很多员工都不愿再浪费自己的时间，于是纷纷转去了其他部门，结果都得到了不错的发展。

面对人去楼空的局面，小强迟迟不肯离开，这是他接手的第一个项目，所以投入的时间和精力远比其他人多，但更重要的是，他不想自己进华为的首个项目就这么完了。于是，他找到项目经理，表示愿意一个人扛起这个项目，经理被他坚持不懈的精神感动了，答应了他。于是，他独自留在了产品的维修事业部。

几年后，那些曾经一起奋斗过的同事都事业有成，他们有空就会来劝小强：“别再浪费时间了，能成功早就已经成功了。”“还是去其他部门吧，别这样埋没了自己。”“你在这儿有什么前途，简直就是浪费生命。”……面对同事们的好意，小强总是一笑而过，在他心里，解决110产品的所有难题才是最重要的。

就这样，又过了1年的时间，小强实现了110产品的性能稳定，经过反复试验，它终于可以在网上运行自如了。随后，华为开始批量生产110产品并大力推广，当小强看见自己坚守的产品，开始为全国各地的公安机关服务时，不禁红了眼眶。

从小强的身上，我们不难发现，坐在冷板凳上照样能创造奇迹！虽然他因坐冷板凳而失去了升职加薪的机会，但皇天不负苦心人，他的坚持给自己带来了前所未有的成功。不仅如此，他还在冷板凳上，迅速提高了自身的技术和能力。可以说，华为团队之所以能有今天的成就，像小强这样坐冷板凳的员工功不可没。

若要评谁是华为冷板凳坐得最好的人，那绝对是非客服团队莫属，因为他们的工作宗旨就是埋头干活。这群人常年在外工作，无论是严寒酷暑，还是刮风下雨，都无法阻止他们前进的脚步，更挡不住他们那颗全心全意为客户服务的心。殊不知，这些对于他们来说，压根就不算个事，唯有跟亲人的分离，才会令他们黯然神伤，即便如此，他们也愿意待在冷板凳上，甚至将它坐到底。

可见，冷板凳上坐着的，未必就是团队不想要的人，也有可能是个人才！

其实，团队发展所需要的人才，首先就是要做到务实、有奉献精神，而这些在坐冷板凳的人身上，都得到了很好的体现。试想，一个不稳重、不务实的人，能乖乖地待在冷板凳上？答案肯定是不能！由此可见，其实这些冷板凳上坐着的，正是团队想要的人才，那又何必舍近求远呢？直接给他们个机会就行了！

管理红绿灯

在这个世界上，凡事都没有绝对，在冷板凳上坐着的人，或许经过磨炼能成为人才，但也可能会从此一蹶不振，变成了一个废人。人才自然是团队需要的，但对于那些废人，团队一定要清理掉，没用的人还留着干什么？要知道，就算是坐冷板凳，也得给他们工资、为他们买社保、帮他们交公积金的，与其把这些给那些没用的废人，不如拿来干点更有意义的事情，以促进团队更好的发展。

不怕死的人，才能进“华为墓”

> 越在困苦的时候，越能磨炼人的意志，越能检验人的道德和良知，越能锻炼人和提高人的技能，也越是我们队伍建设最重要的时刻！

众所周知，华为对员工是出了名的“刻薄”，对他们来说，加班、没假期什么的已经算幸福了，那些被企业派到国外去做“开荒牛”的人，累死累活地工作不说，还得饱受对妻儿的思念之苦。对此，任正非曾直言不讳地说：“进了华为，就是进了坟墓！”乍一听这话，似乎觉得很恐怖，但只要往深了一想，便会不由得佩服他，因为正是他这近乎变态的管理手段，才使华为团队拥有了无数的人才。

要想在华为的团队站住脚，仅凭那点吃苦耐劳的劲儿远远不够，人才们还必须具备一种“不怕死”的精神，这要如何来培养呢？答案是磨炼、磨炼、再磨炼！对华为而言，人才都是用来救场的，必须通过逆境的审核和检验才能合格，那些平日里咋咋呼呼，但一遇到困难就秒变脓包的人，绝对不是华为的人才。

不少企业在培养人才时，总喜欢偷懒走个捷径，如直接招有经验、有能力的人，但华为却不这么想，它对那些“一张白纸”的应届生也照样感兴趣，因为它有一套完整的培训体系，能针对不同岗位状态来训练员工的个人素质、各项技能、综合能力等，具体而言，主要分为三个阶段：上岗前、在岗时和换岗后。

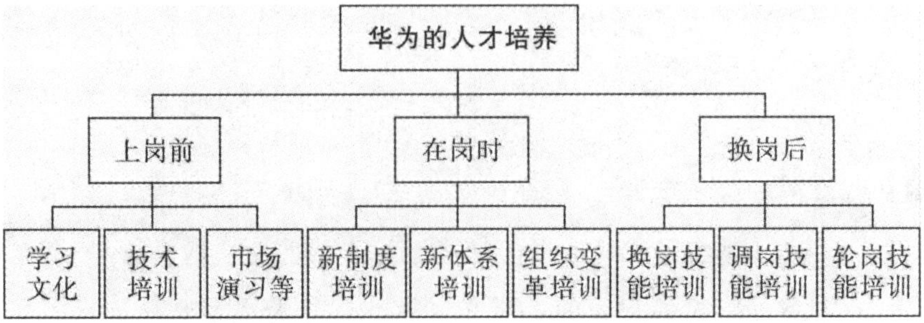

图 6－3　华为的人才培养体系

1997 年，是华为培养人才的重要一年，为了组建一支职业化的正规军，更为了确保每个上岗的新人都是精英，华为决定从这一年开始，对新聘的应届生们进行封闭式入职培训。这个培训可不像其他企业那般，只是徒有其表地走个过场，而是实打实地严格训练，不给他们整出个“脱胎换骨”的变化来，谁都甭想上岗！

通常，华为的岗前培训会持续整整半年的时间，在这期间，新员工们会经历军事化训练、学习企业文化、车间实习、技术培训和市场演习等。并且，他们的教官皆是从军队里退役的“狠角色”，每项训练都必须严格按照军队的标准来：每天 6 点半就得起床，简单的洗漱后便一起跑操场，谁起不来或迟到就扣分！

经过半年的严格考核和层层筛选，新员工们终于可以上岗了。若此时，他们一个不小心放松了警惕，那么，等待他们的依然会是被淘汰的厄运！为什么？因为真正的磨炼才刚刚开始！入职后，华为会时不时地引进一些新制度、新流程体系或是实施组织变革等，每每此时便会对员工进行在岗培训，学不会就下岗！

不仅如此，华为内部还有换岗这回事，它会根据员工的才能给他们换岗位，无论你喜不喜欢，也不管你愿不愿意，都得乖乖地先去接受培训；华为还实行轮岗制，没人能舒舒服服地待在一个岗位上，它会不停地给员工培训，让他们学习多个岗位的技能；那些驻扎在海外的员工被调回后，也要接受一定的技能培训。

可以说，华为人都是从一次次的培训和审核中出来的，在华为，几乎没有直接提拔的先例，人才就必须经得起考验，他们的背后都隐藏着一段“折腾史”。

一直以来，华为都非常注重对后续人才的培养，正因为如此，它对人才的选拔也十分挑剔，在它眼中，那些没实践能力的员工，即使说破了天去，都甭想跟人才沾上一点边！为了能不断地从基层“捞人”，华为对员工们的培训可谓是费尽了心机，不但规模大、投入大，力度也非常大，以致有些人因受不了而离场。

不仅如此，华为还一直都是个务实派，对于人才的培养从不玩虚的。在华为，没当过工人、没做过普通业务员、没基层管理经验的人，就别想被选拔为高层的干部，哪怕你的学历上写着“博士后”都不行！而你若以为只要坐上领导的宝座，便能万事大吉，那就大错特错，殊不知，你今年是某部门的一把手，没准明年就会变成办事处的小主任，也许后年还会被“发配”到海外去……

华为为什么要如此“折腾人”呢？这不仅是世人的疑问，就连华为人自己都不太理解。对此，有人默默地承受；有人终日在抱怨；有人甚至偷偷地哭泣；还有人因此选择了离开……面对这些，华为依然我行我素，丝毫没有改变的迹象。殊不知，华为的“折腾”并非是没来由的胡闹，而是秉承了它一贯的人才管理理念：哪里有炮火，哪里便需要人才顶上去。顶不住？你还好意思说自己是人才吗？

其实，“折腾人”的企业不止华为这一家，咱们的联想也喜欢磨砺人才。

提及联想，除了创始人柳传志外，还有一个响当当的名字——杨元庆！

对联想而言，杨元庆无疑是个人才，他30岁就已坐上微机事业部总经理的位置。也许是过于年轻的缘故，工作中的杨元庆是个“死硬派”，似乎在他的字典里就没有“妥协”二字，即使遭遇天大的困难，他也不肯轻易地低头。对此，联想老一辈的创业者们颇有微词，他们虽没有表现出来，但心里却很不舒服。

团队老大柳传志将这一切看在眼里，心里却决定了要磨磨杨元庆的锐气。

这天，联想召开了一次内部合作的紧急会议，谁知，杨元庆那股“牛劲儿”又涌了上来，以致气氛十分尴尬。面对杨元庆强硬的态度，柳传志二话没说，直接劈头盖脸地训了杨元庆一顿，丝毫没给他留情面。杨元庆被这突如其来的批评吓蒙了，一时间不知该说些什么，只能选择默默地接受，将委屈咽进了肚子里。

然而，让杨元庆始料未及的是，柳传志对他的“折磨”才刚刚开始。从那以后，无论在任何时间、任何场合，只要他的“牛脾气”一冒头，就会被柳传志毫不客气地打压，并且所用言辞相当犀利，完全不顾及他的身份和感受。面对柳传志一次又一次的严厉批评，杨元庆终于扛不住了，竟当着众人的面失声痛哭起来。

时至今日，杨元庆回忆起那段往事，内心充满了感激：“如果当初只有我的年轻气盛，没有柳总的磨砺和教诲，恐怕联想的今天就是另外一番样子了！”

不可否认，联想磨砺人才的手段也很犀利，虽然这个过程会使人痛苦，但正因为有了“折腾”的经历，那些跟杨元庆一样的人才，才能获得成长的机遇，早早挑起联想的大梁。的确，是金子总会发光，可并非每一块金子都能发出耀眼的光芒，对于那些蒙上了尘埃的金子，我们就得让它们去接受大浪的淘洗！

在华为，一直流传着一句名言：“烧不死的鸟是凤凰！”什么是人才？对华为来说，能经得起考验、耐得住折磨、受得了磨难的，才配得上“人才”这个称号！正因为如此，华为的领导班子个顶个的能吃苦，他们大多经历过

10个或更多不同的岗位，甚至有人在23年里换了15个以上的部门。要知道，每换一次部门，就意味着要跟过去告别，无论你的曾经多么辉煌，都会像写的粉笔字那样被抹掉重来。

看到这，你可能会觉得华为有点残忍，但在竞争愈发激烈的当下，团队若没点“核武器”——人才，又怎能杀出这重重的市场包围？对此，华为的“老大”任正非就看得十分通透，他以“战火”洗礼人才的管理理念，帮华为培育了一批又一批的“敢死队”，而正是这些在危机和困境中成长起来的人才们，将华为变成了一头所向披靡的“狼”，使得那些竞争对手们一见到它，连“肉”都不要，直接逃命！

管理红绿灯

随着团队对人才的日益重视，培训已经成为一种常态，无论是新员工还是老员工，也许今天还悠闲地在公司上着班，没准明天就会被抓去参加某项培训。的确，培训是加快员工成长的不二之法，但不少团队却忽视了一个大前提，那便是必须确保培训真的能让员工学到东西。要知道，培训数量的提升并不意味着培训质量的提升，与盲目的培训相比，一次科学、系统的培训更能孕育人才。

所以，团队要想培养出人才来，就不能在培训上走形式，而应当真枪实弹地严格训练。对此，既不必搞那些五花八门的培训手段，也不要如走马观花般全学个遍，得把时间、精力和资金放在几个重点培训上，让成员们能学有所获。

把没干劲的都从管理岗位调出来

“

无作为的干部，比不干活的破坏性还大，为了自己的存在，还设计了一个程序，牵制了相关的五六个岗位的效率，所以要坚决从管理岗位上拿下来！

”

一直以来，对于真正的人才，华为都持以宽容、理解的态度，而对于没真材实料的庸才，它则是下手“快、准、狠”，丝毫不留一点情面，尤其是那些“占着茅坑不拉屎”的干部，它会以最快的速度把他们拉下来。华为之所以有对人才、庸才不同的“两张脸”，就是为了让所有员工明白，只有干实事的人，才能在公司生存！

随着企业的不断做大，华为对人才的需求也愈加强烈，并且，这个缺口还在呈现每年递增的趋势。无奈之下，华为唯有舍弃旧的招聘模式，开始实行大规模的人才引进战略。另一方面，华为为了走好国际化路线，也向国际友人敞开了大门，只要是有真才实学肯实干的，无论什么国籍，华为管理者都会拿着人民币夹道欢迎。

谁承想，这国内的人才好找，国外的人才却遍寻无果。对此，任正非亲自出马，以重金请来了一位 IBM（国际商业机器公司）的采购总监，为了留住这得来不易的外国籍人才，任正非直接让他出任副总裁一职。然而，这位备受瞩目的“洋总裁”，却怎么也适应不了华为的工作环境，更不能很好地跟其他同事沟通和协作，而是将心思都放在争名夺利上，甚至不惜为此公开跟人吵架，严重影响了企业的安定团结。

任正非了解情况后，二话没说，直接辞退了这位没干劲的“洋总裁”！

此事结束后，任正非突然意识到一个问题：在这段时间，华为不但招进了大量的新员工，而且还提拔了不少干部，他们是否也跟那位“洋总裁”一样，坐在领导的位置上却不作为呢？想到这，他当即决定要对华为的干部队伍进行整顿，要把那些绩效不好、无法胜任工作的干部都撤下来，让有能力、有干劲的人上！

在华为，对于管理层的整顿从来都没有停止过，虽然它每年都会招入很多新员工，但被它辞退的人也不在少数。对此，任正非表示，整顿并不是最终目的，公司希望看到的是，通过这种整顿，能让干部队伍认识到自己的不足，从而努力地去弥补，不断地去充实。正因为如此，华为的领导队伍才能一直都如此优秀。

实际上，企业要想更好地发展，就必须训练一批有实力、有干劲的管理者，只有这样，干部才能起到良好的带头作用，给员工树立正面的榜样，从而让企业上下都努力地工作。相反，若企业里尽是些浑水摸鱼的干部，不仅会影响到制度的落实，还会使其他员工也受到“污染”，最后把公司搞得乌烟瘴气。

看到这，你可能更关心的是：究竟企业该清理哪些干部呢？答案就在下面！

图 6－4　华为必须撤职的干部

不思进取的偷懒者

干累了想偷个懒是人之常情，可有些人却削尖了脑袋地偷懒，能坐着就不站着、能躺着绝不坐着，若让这种不思进取的人当上了干部，后果将不堪设想。

要问什么是不思进取？对团队而言，除了整天得过且过、做事不积极的人外，还有那些拿着鸡毛当令箭、不改进也不犯错、一出问题就逃避责任以及为了高官厚禄而低调处事的人。不仅如此，还有那种曾经拼命地努力干活，一朝坐上领导的位置就变了嘴脸，开始一味地贪图享乐，常将本职工作忘得一干二净的人。

很多团队的干部，在基层时尚能记得奋斗的重要性，可不知为何一升上来就全忘了。也许是因为下面干得太辛苦，当了领导就只想好好地休息一下；又或许是为了保住这得来不易的职位，不敢再像以前那样显露自己的锋芒；抑或自己的目标已实现，觉得没有必要再辛苦地拼搏。其实，无论出于什么理由，这对团队都是有百害而无一利，所以，对于这类不思进取的干部，一定要清理得一干二净。

没有业绩的马屁精

团队里还有一种没干劲的人不易察觉，那就是欺上瞒下，以掩盖自己毫无作为这一事实的人。通常，这类人极善于伪装自己，对于上面的领导，他们俨然一副“狗腿子”嘴脸，把领导的一切都看得比自己的还重要，每天不是拍马屁，就是鞍前马后地伺候，领导要是问起工作，他们就虚报、谎报，报喜不报忧。

而对于自己的下属，这类人则是扮演着“慈父”的角色：工作出了问题，没关系，能改过来就好；项目搞砸了，没事，我帮你跟上面说说好话；家里有事想请个假，没问题，需要多少天你告诉我。也正因为如此，他们跟属下相处得很好，甚至有些人还乐于做他们的“同伙”，帮着一起来掩盖毫无作为这一事实。

很显然，这些人就是团队里的蛀虫，没有做出一点业绩，却每月都拿着极高的工资，若不把他们拉下来，公司亏点钱事小，搞坏了风气可就事大了！

管理红绿灯

很多团队在淘汰干部时，常常喜欢循序渐进地来，不是一级一级地往下降，就是换了个跟之前差不多的职务，而不是直接来个一步到位。也许，管理者是担心做得太狠了，会伤害到他们“幼小的心灵”；又或者是念及曾经的贡献，不忍心断了他们的后路等。殊不知，这种做法有百害而无一利，且不说他们到了新的管理岗位表现如何，仅仅起不到杀鸡儆猴的效果这一项，就能危害团队的发展。

所以，对于没干劲的干部，清理一定要直接就一步到位，好让他们长记性！

保持团队活力，让人才循环起来

“

我认为任何一个民族，任何一个公司或者任何一个组织，只要没有新陈代谢，生命就会停止。

”

众所周知，新陈代谢是维持人体健康的重要因素，同时，它也是社会发展的必然现象，新事物总会渐渐代替旧的东西，唯有遵循这一规律来发展，才能保持永久的活力，否则必然会遭到淘汰或抛弃。而对于团队来说，则要学会把目光放得长远些，决不能只盯着曾经的那点辉煌，得不断引进新的人才，让队伍活起来。

然而，现实却完全相反，很多企业团队往往更重视老员工，什么好事都先想着他们，却把那些脏活、累活全扔给新员工。的确，老员工们资历深，所以经验丰富，干起活来比初出茅庐的新员工靠谱，可团队要想更好地发展，就必须培养出新的人才，否则，当老员工们都回家享清福后，谁来接班、谁来继续为公司打拼？

华为的总裁任正非，是一个很重情义的人，华为走上正轨后，那些曾经跟他一起出生入死打天下的人，不仅在企业中身居要职，拿着丰厚的薪水，而且，还获得了不少公司的股份。然而，随着华为不断地发展和壮大，这些“开国元老”已明显地跟不上趟了，但他们却依然坐在重要的位置上，也照样拿着高工资。

不仅如此，这些“老臣子”的身上，还暴露出了很多缺点，如管理水平低下，做事完全不懂得变通，很多新东西都不会用，等等。更要命的是，他们总喜欢倚老卖老，阻碍新方案、新政策的实施，甚至有时直接去干涉新人的工作。显然，他们已经跟不上新的潮流和形势了，以致渐渐地被新员工们远远地甩在了后面。

面对公司对老员工的过分偏爱，华为的新员工非常不满：凭什么那些能力较差的老家伙当上了领导，而自己拼死拼活奋斗了多年，却连一个晋升的机会都得不到？起初，他们也就是私底下抱怨几句，但时间一长，竟演变成了公开跟老员工叫板，并且，他们还对公司的选拔制度和奖励机制提出了质疑。

就这样，新员工的不满情绪愈演愈烈，终于引起了任正非的关注，待了解完情况后，他才意识到问题的严重性，重新制定了一套干部选拔和奖励机制。

实际上，很多企业或组织都有过跟华为类似的遭遇，只不过，它们却并没有像任正非那般明智的管理者，而是继续一味地偏袒、保护着老员工，甚至对于他们身上的缺点和不足，都默默地选择了睁一只眼闭一只眼。结果，新员工们的不满情绪爆发，使得团队内部的矛盾越积越深，一大批新的人才带着怒气匆匆离去。

对于“老臣子”，尤其是那些“开国元老”，大多数团队都持以包容的态度，哪怕他们已经江郎才尽，也依然稳稳地坐在高位上；即使他们频频犯下大错，管理者也不忍心将其辞退。殊不知，这不仅会引发新员工的不满，影响到团队内部的安定团结，还会减慢团队发展的脚步，更严重的甚至会拖垮整个企业或组织。

1995 年 12 月，面对华为日益严重的内部框架结构僵化，以及新、老员工之间的矛盾，任正非提出了“集体辞职”的设想，为了能尽早实施这个大胆的想法，他给所有的华为人加油鼓气：“为了明天，我们必须修正今天。你们的集体辞职，表现了大无畏的、毫无自私自利之心的精神，你们将光照华为的历史！”

不久，华为便决定要实施“先辞职，再重新竞业”计划，为了安全起见，它先拿市场部试试水。于是，以副总裁孙亚芳为首的市场部所有干部，都自觉地去了各自区域的办事处提出辞职，并向公司提交了两份报告，一份是辞职报告，另一份是述职报告。而华为则以述职报告中述职人的工作计划为标准，对报告者进行认真细致的考核，然后再做出客观的评价，并决定他是该辞职，还是应该续职。

倘若华为的决定是辞职，那么，提交者就得从原岗位上下来，或降职，或直接去基层，有些心理素质不好的干部，因受不了刺激而选择了离开；如果华为的决定是续职，则说明他的能力得到了公司的认可，他可以重新回到自己之前的岗位了；而对于考核成绩远远超出标准的人，公司将会提拔他，并在今后得到重用。

也许，有人觉得华为这种“大清盘”的手段，不仅太过残忍，还有些很不近人情。其实，不止你这么想，任正非也一样，尤其是对曾跟他一起打天下的功臣来说，这简直就是在“卸磨杀驴”，但为了华为能更好地发展，他咬着牙根也得这样做。为什么？因为若不淘汰那些跟不上趟、无法适应时代的老员工，那么，华为的团队就会像一潭死水般停滞不前，任正非可不想让这变成事实。

实际上，任何一个团队的发展，都必然会经历人才的更替，而且，这是一个无限循环的过程。当团队发展到一定的水平时，老员工就会在无形中成为一种阻力，于是，团队需要更好的人才来维系发展；待团队又发展到一个新的高度后，那些曾经的新人则也从活力变成了阻力，此时，团队又得引进一批新的人才。

倘若团队不遵循这一发展规律，那么，即使侥幸没有被时代所淘汰，也会处于被动、落后的状态。正因为如此，任正非才要求所有华为人都必须与时俱进，并保持超前的意识和战略眼光，同时，他还在华为设立了一系列人才更替、权力交接、发展循环的制度，从而确保华为能一路朝着正确、合理的方向去发展。

管理红绿灯

众所周知，人有好、坏之分，同样的，老员工也分有用的和没用的，对于跟不上团队发展脚步的老员工，管理者大可以直接淘汰掉；而那些有能力，又有干劲的老员工，管理者就一定要留下来。要知道，他们身上的丰富经验，对任何团队来说，都是一笔不小的财富，若一不小心给弄丢了，那团队的损失可就大了！

华为选人：好干部的四个标准

“

区别一个干部好不好、是不是‘忠臣’，标准有4个：①有没有敬业精神，对工作是否认真；②有没有献身精神，是否斤斤计较；③有没有责任心；④有没有使命感。

”

如果没有过硬的本领、扎实的技术、专业的操守，你就别指望能加入华为的团队，而要想进入团队的管理层，那就得成为拔尖中的拔尖。如果你觉得当了干部便能高枕无忧，便太小瞧了华为“折腾人”的能力，在它看来，干部是有好坏之分的，好干部自然可以留下，坏干部则必须淘汰掉。然而，正是如此严苛的干部标准，才使得华为团队从曾经的默默无闻，变成了现在首屈一指的一流队伍。

2006 年年初，华为内部召开了一次紧急的干部大会，会上不但丰富和发展了干部选拔的“四象限”内容，而且，还明确了对干部的素质要求，以及发布了具体的操作步骤，可以说，这次会议对华为的干部管理有着里程碑式的意义。除此之外，华为对干部还实行了360度无死角的调查，以了解他们在日常工作中的诚信、责任心、使命感、任职能力、职业素养以及周边合作等方面的表现。

华为之所以对干部的要求如此之高，是因为它的一把手任正非认为，一个企业是否具有发展的潜力，关键要看它的管理团队是否优秀，而一个管理团队是否优秀，则要看这个管理团队里究竟有多少好干部！所以，在任正非的带领之下，华为一直都秉承着对干部严格要求的原则，对各管理层进行有效监督和掌控。

对此，在文章《关键时刻是考验各级干部的试金石》中，任正非这样写道："各级干部、主管应经得起考验，勇敢挑起大梁，带领员工齐心协力渡过难关。对于那些传播谣言，对公司失去信心，不能勇敢面对困难并感到恐慌的干部，不断对项目叫苦的干部，说明他们承担这个担子有困难，各级组织应积极帮助他们脱离领导和关键岗位，尽快安排有能力的人接替，由能经得起考验的继任者担任工作。"

其实，除了华为之外，所有团队对干部都有自己的标准，只不过，华为团队做得更细致、更严格，也更加彻底。要知道，团队想要获得长期、稳定的发展，就必须培养一批敢于作战，且能够攻城伐地的"将军"，唯有在这些"将军"的带领之下，成员们才能更主动、更积极地去努力奋斗，从而将企业的发展推向一个新的高潮。

很多时候，团队之所以会停滞不前，并不是因为实力不够、缺乏资金或人才不足等，而是由于它的管理层中藏污纳垢，以致搞坏了团队的风气，让成员们误以为那些才是团队的核心。所谓"上梁不正下梁歪"，在一个其身不正的干部手下干久了，即便是最优秀、最正直的员工，也难免会沾染一些不好的习惯。

看到这，你可能会问了：那怎样来判断一个干部的好坏呢？答案如下：

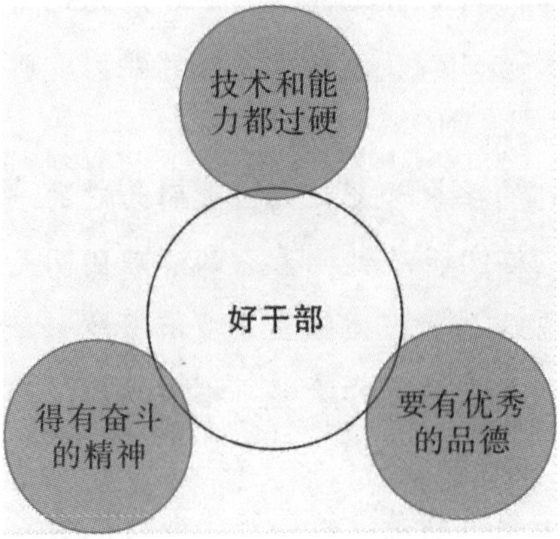

图 6－5　华为好干部的标准

好与不好，首先得用实力说话

生活中，很多企业在选拔干部时，总喜欢比学历、看资历，这倒无可厚非，可人家当上了领导后，就已经换了个身份，若此时还拿这些来作为标准，便有点说不过去了，这时得用实力来说话！对团队而言，一个好的干部首先得有实力，要能胜任工作，若连本职工作都搞不定，别说好干部了，连个好员工都算不上！

对此，也许有人会说：谁不知道干部得有实力啊，问题是怎么才能知道他有实力？这问题还不简单，直接看他的业绩不就得了！怎么看呢？可以拿他的业绩跟前任比、跟自己去年比、跟同岗位的干部比，甚至可以跟业界最强的竞争对手比，看看他到底有没有进步以及有多少进步。但需要注意的是，业绩有时也是会撒谎的，所以要具体看他在业绩上下了多少功夫、承担着何种角色和起到了哪些作用等。

得有奋斗的精神

在华为，一个没有奋斗精神的员工，就只能老老实实地待在基层，去干那些周而复始的机械工作，要想爬上领导的位置，就必须先改掉不敬业的臭毛病，否则连门儿都没有！并且，华为还会让那些在工作中不认真的干部都下岗。对此，任正非表示："一个干部如果不敬业、没干劲，缺少了艰苦奋斗的精神，在遇到困难的时候就容易第一个退缩，容易卸担子，会对手下的员工造成严重的负面影响！"

不少团队认为，只要技术和能力都过硬，那就是一个好干部。殊不知，技术再好也得人家拿出来用啊，能力再强也得人家愿意展现啊，一个只能"看"、不能用的干部，可以算得上好吗？答案显然是不可以！所以，评判一个干部是好还是坏，不能光看技术和能力，还得看他有没有奋斗精神，能不能对工作认真负责。

要有优秀的品德

也许，品德不会影响技术和能力的发挥，却能将团队推向万劫不复的悬崖，要知道，一个没底线、没责任心、没使命感的干部，分分钟就能把公司卖了。对于这种道德品质不好的人，压根就不要指望他会忠于团队，也别妄想他能在危急时刻做出"牺牲小我，完成大我"的举动来，他没开溜就已经算很厚道了。

至于要怎么揪出这种干部，就要看团队愿不愿意下功夫了，因为这不仅要看他的工作表现，而且，还得对他的生活进行深入调查。例如，想检验一下他对团队的忠诚度，那么，除了查看他自己有没有出卖团队外，更要观察当有人损害团队利益时，他是否能第一时间站出来反对；如果上司和下属都说他品德好，不能轻易地就相信了，一定要让他们具体说出能支撑这个观点的依据来，否则坚决不信！

管理红绿灯

其实，一个干部好与不好，关键是看他的个人综合素质高不高，这里面包含的东西可就多了去了，除了上面介绍的几点之外，还有对自身的要求、对上司的服从和对下属的培养等，这些都是作为一名好干部应具备的条件。可见，要想成为一个好干部，的确不是一件容易的事，对此，团队最好能持一种包容的态度，没必要非得一个个去考核，只要不是原则性的问题，睁一只眼闭一只眼又何妨？

要知道，没有人能做到十全十美，你自己不也有这样或那样的缺点吗？既然如此，又何必去苛求别人呢？没准你豁达点、宽容点，便能收获大家的心呢！

第七章

激励：分好钱，才能管好人

> 管好干部，分好钱！

人人持股，大家一起来赚钱

“

没有华为人的付出，就没有华为公司的今天。企业在赚钱，钱不能全部都流进老板的腰包，好的企业应该让每一个员工都能往自己的口袋里装钱！

”

无论是过去、现在，还是未来，员工最关心的往往只有一件事，那便是团队利益的分配问题。要知道，他们每天拼死拼活地努力工作，可不是为了那点微薄的“死工资”，而是团队大丰收后给予的回报。对此，不少管理者觉得，只要给员工一个看上去满意的回报就行了，甚至有些人不过是蜻蜓点水般地意思一下。

然而，在任正非看来，“华为能够依靠的，只有华为员工，所以，华为一定要对得起每一个在华为奉献青春与汗水的工作者，让每一个人都分享到公司的成功”。千万别觉得任正非只是说说而已，为了回报华为人的辛勤劳动，他在国内还不知道股票是什么的时候，就在华为建立了内部持股计划，让每个员工都持股。

众所周知，华为一直都迟迟不肯上市，所以，它当时推行的全员持股制，其实是一种虚拟的持股，但这一点都不影响股票的兑现，只要员工想离开，公司绝不会动手脚克扣他的股份，该是多少就是多少，临走前票子立马数到他手里，哪怕是几百万、几千万的现金，任正非连眼睛也不会眨一下，一定会全额给足对方！

那么，这个全员持股制是如何实施的呢？员工进入华为1年后，便能依据自己的职级和季度绩效等，得到分配股票的名额，届时，他们可用年终奖来进行购买，对于那些奖金不够参股的员工，公司会帮他们从银行贷款来购买。据相关统计，2013年，华为每股能分到1.41元人民币的红利，相当于以当前的价格买入将获得26%的收益率。自实行全员持股制以来，华为的股价已上涨了5倍多。

随着华为股价的不断攀升，持股的员工也越来越多。仅2014年，每15万华为人中就有8万人持有公司的股票，现如今，更是发展成了任正非只有华为1.4%的股份，剩下98.6%的股份都在持股会代表员工手中的局面，这在其他任何企业都是无法想象的。而任正非之所以敢如此，是因为他想达到有效激励的目的。

为了这一目的，华为自施行内部股权激励以来，已经进行了数次股权分配，其中，仅大型的就有4次之多。事实证明，任正非的做法是正确的，这种全球特有的全员持股制度，不但降低了公司现金流失的风险，而且，内部融资也无须支付利息，从而有效减少了财务风险，更不需要向外部股东支付高额的分红。

当然，最重要的是，这种让员工分享企业成功的制度，给了华为人巨大的激励，使他们有了主人翁的意识，充满了责任感和归属感，从而更加主动、卖力地工作！

不难看出，在回报员工、激励员工这方面，任正非不仅不是“葛朗台”，反而相当地大度，正因为如此，华为团队才会撸起袖子使劲干，给公司创造了一个又一个销售奇迹，使华为成了一个年销售额达数百亿美元的国际性大企业。对此，任正非也认为，这种全员持股制度的成功，是华为能够赶超业界同行的原因之一。

的确，相对于那些虚名和精神奖励，白花花的银子更能起到激励作用，无论这是社会风气造成的现象，还是员工本身就比较现实，它都在告诉管理者一个真理：要想让团队成员更卖力，就必须先满足他们财富上的期盼！华为在这方面便做得很到位，它的人人持股制，让员工得到了股权、财富和身份认可上的多重满足，从而充分调动起了他们的工作积极性。当然，深谙此道的不仅仅只有华为，还有宏碁电脑公司！

一直以来，宏碁电脑公司都在推行"以人为本"的企业管理制度，为了激发员工们的主人翁意识，它不断实施集体创业、全员入股等激励措施。从策划到推动、再到落实员工入股的制度，虽然遭遇过一些困难和阻力，但却始终都无法停止宏碁电脑公司实行的脚步，而它之所以如此坚决，只是为了让员工知道他们自己也是老板！

有一次，有个主管不小心弄丢了一份宏碁的机密文件，若这份文件被竞争对手捡了去，不但会影响这一季度的销售额，而且会让公司损失好几个大客户，甚至还会造成公司股价的下跌。面对自己犯下的大错，该主管既愧疚又自责，并主动去老总施振荣的办公室请罪，对此，施振荣非但没有大发雷霆，反而还安慰他。

尽管已经获得了老总的原谅，但这位主管的内心却依然备受煎熬，每天都发了疯似的寻找那份文件。谁知有天早晨，那份文件竟安静地躺在他的桌子上！这是怎么回事呢？原来，这份文件被公司一位保洁阿姨捡了去，阿姨一看那种密封袋，就知道里面的东西一定很重要，于是四处打听其主人的下落，几经辗转，这才终于物归原主。看见文件的一刹那，这位主管顿时如释重负，想要重谢保洁阿姨。

然而，面对主管给予的重金酬谢，保洁阿姨却丝毫不为所动，只见她摆了摆手，说道："小伙子，这钱呢我就不要了，你以后小心点比什么都强。自从得知公司丢了份重要文件，我们这些持股的员工都吓坏了，这下总算能安心地干活了。"

这件事发生后，施振荣更加坚定了实施全员入股的决心，开始在宏碁大力推行员工入股，以求让每个员工都持股。对此，他表示："如果不是宏碁的集体创业、全员入股等机制作为高科技企业发展的一种参考，还是沿用传统的、我们以前家族企业的方式，那么根本不可能出现宏碁今天这样蓬勃发展的局面！"

很显然，正是施振荣这种全员入股的管理制度，才充分激发了宏碁人的参与意识和主人翁精神，就连一个普通的保洁人员，都如此在乎企业的存亡，心甘情愿地为公司付出，这样的企业又何愁不会强大呢？其实，无论是华为的"人人持股制"，还是宏碁的"全员持股制"，都不过是为了更好地激励员工罢了。

也许，在外人看来，类似这种让员工持股的制度，只是一种团队管理的手段而已，殊不知，在所有股权激励的政策中，它却是风险最大的那一种。公司员工利益共享、风险共担，由制度而非个人担保企业机制的执行力，不确定的因素实在太多，像任正非那样自己只留不到2%的股权，简直能堪称前无古人。

正是任正非这种敢为天下先的精神，使得人人持股制成了华为崛起的重要支柱。可见，全员持股是一种绝佳的激励措施，它以利益均沾的形式，在股权激励和主人翁意识的驱动下，让每个员工都心系公司的命运，并为之而努力提升个人和团队的效益。对于团队管理者来说，并不需要与全世界分享成功，能做到与成员分享利润就足够了，因为只有不留恋财富，才能创造出更多的财富！

管理红绿灯

在当下这个激励盛行的时代，不少管理者都盲目地认为，给予员工的金钱奖励越多，就越能满足他们心理上的需求，殊不知，这种想法太过片面。为什么？因为那些真正能起到作用的激励，并不仅仅只是金钱数量的多少，而是让员工感受到企业以及管理者的真诚，对员工来说，给予他们最需要的，才是最好的激励！

树标杆，让“雷锋”先富起来

“

华为无意与当今的世风论短长，华为也不宣传让大家都去做‘雷锋’‘焦裕禄’，但对奉献者，公司一定给予合理的回报，这样才会有更多的人为公司做贡献。

”

人是一种很贪婪的物种，很少有企业家愿意将公司的部分利润，更别说大部分利润分给勤恳工作的员工，然而，在这少数人中却有任正非。为了在团队树立标杆，有效地激励华为人，他坚持秉承“不让雷锋吃亏”的理念，并为此做出了不懈的努力。他在华为发展过程中，坚决扫除内部“沉淀物”，不断清理享乐主义者和那些伪奋斗者，以打破利益垄断现象，吸引更多的“雷锋”为公司无怨无悔地付出。

一直以来，华为都视员工为最宝贵的财富，尽力为员工提供好的福利待遇和业界最高的薪酬，可以说，无论是工作条件、医保措施，还是薪资报酬，华为都是出手阔绰的企业。它之所以对员工如此大方，是因为任正非深知，华为能获得今时今日的地位，靠的就是一批批艰苦奋斗的“雷锋”，他们不计较个人得失，全身心地投入到华为的事业中。如果没有这些人，华为压根就无法发展和壮大。

为了让那些“雷锋”们先富起来，华为每隔三五年或根据企业不同时期的发展需要，就会搞一次大辞职运动，如当年轰动一时的“万人辞职事件”等。

提及这次运动的起源，可以追溯到华为的第一次内部股权激励制度，虽然该制度达到了预期的效果，但随着华为的飞速发展，大部分华为股都进了一小撮人的口袋，这些人整天不思进取，就等着华为上市套取大笔现金，他们的存在严重影响了企业的发展，更打击了员工的积极性和创造性，长此以往，势必会令那些艰苦奋斗的“雷锋”们心寒，这显然已经不符合企业“不让雷锋吃亏”这一理念。

为了促进企业的发展，更为了给“雷锋”们一个交代，任正非相继在华为进行了3次大型的股权改革，同时，还针对人事结构实行了持续的、大规模的调整：例如1995年展开的集体辞职活动；2000年实行的内部创业政策等。通过这些整改手段，任正非终于又将华为拉回了正确的轨道，使“雷锋”们都获得了应有的回报。

纵观华为团队的发展史，不难发现，它的天平始终朝着具有艰苦奋斗精神的“雷锋”倾斜，为了让“雷锋”们先富起来，它还设定了一套特殊的评价机制，其目的就是保障“雷锋”式员工的利益。而作为回报，这群“雷锋”们不但自己甩起膀子玩命地干活，并且还以榜样的力量激励着其他员工，从而加速了华为的发展和进步。

不可否认，华为在“不让雷锋吃亏”这条路上，走得是既坚定又决绝，任何阻挡在前面的障碍，它都会毫不留情地清除掉！也正因为如此，华为才涌现了一大批愿意为团队牺牲的“活雷锋”，同时，他们还如同一个个活动的广告牌，时刻提醒着其他成员要努力拼搏、要艰苦奋斗，否则就甭想在这里混下去！

只是，企业团队如何才能让“雷锋”先富起来呢？对此，华为采取了以下一些措施：

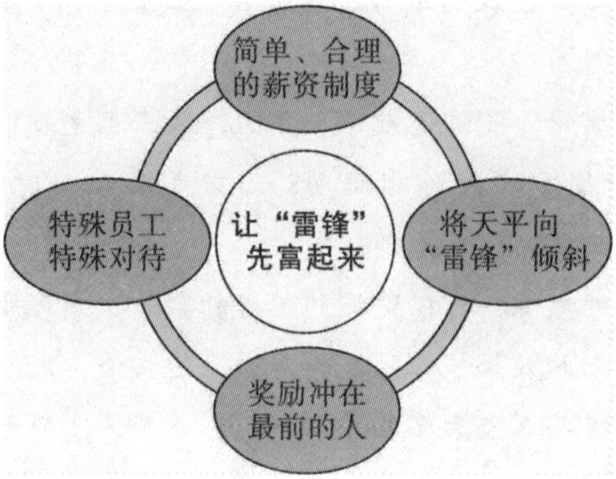

图7-1　华为激励“雷锋”的方式

简单、合理的薪资制度

当年，华为为了开拓国外市场，纷纷向各国派“驻兵”，但像利比亚、伊拉克、阿富汗这样的国家，员工们却有抵触的情绪，为此，华为设定了名目繁多的全球化的激励方案。谁承想，这非但没能起到激励作用，反而弄得大家都不想去国外。后来，华为不但加大了对伊拉克等地区的补贴力度，并且还大幅度提升了驻扎在这些地方员工的福利待遇，使得部分员工怦然心动，主动提出要去那些地区。

现实生活中，不少管理者都觉得，薪资制度设定得越详细、越周密，便越能保障员工们的利益。殊不知，这种想法大错特错，制度的好坏不仅仅只在于周详的设计，更在于能不能顺畅地实施和执行，一套不能有效执行的薪资制度，设计得再好也是白搭！所以，管理者在设定制度时，一定要确保其既简单又合理。

将天平向“雷锋”倾斜

现如今，企业皆有一套自己的薪酬制度和标准，并且，管理者在制定时往往都极力追求公平、公正。实际上，团队若真想让“雷锋”先富起来，大可以将标准的天平向他们倾斜那么一点，这样一来，既能起到激励“雷锋”的作用，也给了其他成员一个很好的暗示，让他们瞬间拥有了努力追赶“雷锋”的动力。对此，华为就逐步实施了岗位职级循环晋升，即工资随着级别走，而级别又跟卖力的程度挂钩。

在华为，只要够优秀、肯负责任、肯卖力气，即便没有具体的岗位，也照样能评个人职级。除此之外，为了推动岗位职级的循环晋升，薪资标准一直都朝先进的“雷锋”们倾斜，如在某个团体中，干得好的那部分人可以都升1个职级，每3年转1圈。每年拿绩效排名靠前的几个部门来评价，若明年这个部门还在先进名单里，继续涨工资，而落后的则不给涨，这样大家便会都争着当先进、做“雷锋”！

奖励冲在最前面的人

显而易见，每个团队都有冲在最前面的“火车头”，对于这些长期冲锋陷阵的人，管理者一定不能亏待了他们，否则，就没人愿意不辞辛苦地干活了！其实说白了，那些“火车头”就是团队的“活雷锋”，奖励他们能充分调动成员的积极性，从而进一步提高团队的劳动生产效率。对此，管理者需要注意的是，得尽可能地给这群人创造条件，具体的岗位要具体分析，不能只用一套标准去衡量。

唯有把银子切实地发到冲锋陷阵者手里，才能让更多的人想跑在最前面！

特殊员工特殊对待

在企业团队中，除了普通员工外，往往还有一些特殊的专业人才，如厨师、翻译、医护人员等，对于他们就不能像对待普通员工那般，按绩效或工作时长之类来定工资了，而应该采用特殊的方式来激励他们，以达到多培养“雷锋”的目的。

那么，究竟要采用什么样的特殊方式呢？这就必须视具体岗位和实际情况而定了。例如，对于食堂里的厨师，团队可以实行不同于业务员的“提成制”，虽然同样是多劳多得，但必须达到服务和质量的标准才能提成，这样既能提高工作效率，又保障了他们的服务和质量，一举两得；再比如翻译人员，团队照样能采用跟厨师一样的“提成制”，也可以不在内部设岗位，有需要时就去外面找人干。

管理红绿灯

不可否认，薪酬福利是企业对“雷锋”们的一种肯定，亦是他们继续艰苦奋斗的原动力，只不过，管理者在授予其“高官厚禄”的同时，也得建立一个相对的制约措施，不能让员工养成眼里只有钱的恶习，更不能白白消耗公司的资金。要知道，过多的补贴不一定就能增强战斗力，有时也可能会造成员工怠惰，如果发下去的薪资福利起不到激励的作用，那就干脆不要发，或者改成以其他的形式来发。

拉大差异，充分发挥奖金的功效

> 差距是动力，没有温差就没有风，没有水位差就没有流水。

无论是奖金，还是工资、福利，大多团队都喜欢追求平衡，并认为这才是激励员工的有效手段。的确，平衡是维系人事结构的重要保障，但站在激励的角度来说，它的效果总会差那么一点点，为什么？因为平衡常常意味着模式已固定，无法再有进步的空间。于是，早已看清这点的任正非，决定反其道而行——打破平衡，他在华为的奖金上拉开距离，通过差异化策略来实现对优秀员工的激励。

为什么选择的是企业额外赠予的奖金，而不是员工用劳动换来的薪酬呢？对此，任正非有自己的考量，他解释道："工资体系还是太难改，盲目改就会出现很大的问题，所以我们先从奖金改起。"显然，在他看来，工资体系太过庞大，稍有不慎便会适得其反，相对而言，企业额外赠予的奖金更便于改进些。事实上，以本身就具激励作用的奖金来做实验，从本质上更胜一筹，不信你可以看下华为的实施效果！

自华为创立以来，任正非就以各种手段来激励员工，而他惯用的手法便是拉大员工之间的差距，以差异化策略达到激励的目的。对此，他表示："我们过去的薪酬制度是比较平衡的，那些聪明的人就跑了。而我们现在的改革则是让公司的优秀分子发挥作用，就是要拉开差距。"为了实现差异化管理，他在奖金分配方面，一改昔日的"平均主义"政策，将奖金分配与部门及个人的绩效挂钩。

任正非觉得，以具有激励作用的奖金来激励员工，更易达到预期的效果。为了加速差异化政策的实施，他还指出："现在我们的考核机制就要开始改变，开始加大奖金的差距，尤其拉大是在一线、在基层的奖金差距。大家已经明显感到干得好的人奖金多，这样一来优秀的人就觉得不用走了，公司中的优秀分子就增多了。"

不仅如此，任正非为了增加奖金包的弹性，还在华为设定了一套等级制度，等级由阿拉伯数字从 1 依次排列，数字越大获得的奖金就越多，而员工要想往上升级，就必须不断地努力奋斗，并且，对于那些为企业做出巨大贡献的人，公司还会破格升级。在该制度下，华为曾出现过普通员工跟轮值 CEO 拿一样多奖金的事。

随着奖金策略的实施，华为人都在相互攀比，个个都努力干活以给自己升级！

很显然，任正非采取的差异化策略，实际上就是想扩大员工之间待遇的差距，从而以巨大的差异来刺激员工们发奋图强，其目的是为了激活团队内部竞争，使好的更好，坏的得到清除。与此同时，这种差异化也兼顾了公平的原则，不仅让优秀的员工通过努力，不断实现自我价值，还切断了那些懒人、庸人的后路！

大多数团队都设有激励成员的奖金，但如何使其发挥最大的功效，却鲜少有人去思考、去琢磨，这便在无形中降低了奖金的功效。正因为如此，任正非才在华为大力推行奖金改革，他认为，要想充分发挥奖金的激励和牵引作用，就必须将标准向优秀者、奋斗者、高绩效者们倾斜，以激发活力、提升绩效。

也许，不少管理者都明白这个道理，就是不知道该从哪儿下手。对此，大可向已经成功的华为学习，只不过，不能全部照搬，得去其“糟粕”、取其精华！

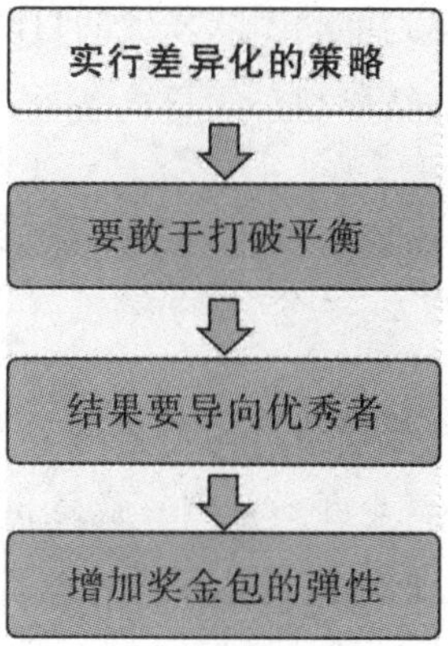

图7－2　实行差异化的策略

要敢于打破平衡

华为在实行奖金划分等级策略时，任正非曾指出：“如果看到哪里奖金很平均，那这个干部就该换了，做不到奖勤罚懒，结果就是好的全走光了，差的全挤在那儿。”而为了贯彻执行差异化，他还采取了硬性措施，规定有些人拿不到奖金：“今年公司明确了有5%的人员奖金为零，哪个部门定不出这5%的人，哪个部门的奖金就不能启动发放，当然这是指大部门而言，小部门不要这样僵硬。”

管理者若想充分发挥激励的作用，就得在团队形成奖罚的巨大差异，而要想做到这一点，必须拿出打破平衡的勇气，既不能怕得罪人，更没必要为差异化最底端的人担心，否则，这前怕狼、后怕虎的，浪费员工的时间和精力不说，也提升不了团队战斗力，如此一来，要达到激活组织的目的，恐怕比登天还难！

结果要导向优秀者

为了确保奖金能切实地发放到优秀者的手中，任正非在华为提出了“巩固基层员工的饥饿感、中层员工的危机感、高层干部的使命感”的原则，同时还做出了相应的措施：拿到奖金多的人必须达到平均线的4~5倍，以防止基层的干部们乱来；硬性规定淘汰掉10%的员工，以增强中层干部的危机感；而为了培养高层干部的使命感，公司除了看绩效考核外，还会侧重考虑工作态度的考评结果。

管理者之所以要在奖金上做文章，就是为了让它能更好地激励优秀员工，从而达到推动团队发展的目的。所以，无论怎么变革，也不管采取什么手段，最后的结果都必须导向优秀者，否则，这一切就会变得毫无意义，做什么都是白搭。

增加奖金包的弹性

为了增加奖金的弹性，任正非主张灵活制订预算计划，对此，他表示："比如说今年的计划可能是300亿元，但是我们认为可能做不到，我们提前按270亿元把薪酬奖励指标给分了。到了年底，真做到300亿元了，我再把30亿元临时放到奖金里面，补发给员工。为计划和预算留一点余地，不要都发了，然后说不行，再要回来。"

也许，很多管理者并不是不想设置奖金，而是压根就没有那么雄厚的实力，实际上，每个团队都有发奖金的本钱，只是没搞清楚这笔钱该从哪儿出罢了。不可否认，要想拉大奖金的差距，便意味着必须得提高奖金的额度，说白了，就是要增加相关的预算，对于多出来的那部分钱，管理者大可以在制订预算计划时灵活些，没必要事事都卡死，也用不着规划得太过详细，从而增加奖金包的弹性。

管理红绿灯

提及"奖金"，我们的脑海中总会跳出一个词——年终奖，不可否认，它的确是奖金的重要表现形式，但这并不表示所有奖金都必须等到年终时才能发，相对于激励员工这点来说，奖金的多少其实只是次要的，能不能及时地发放才是关键。要知道，当成员为团队做出贡献后，他最想知道的便是何时能拿到奖金，若奖金一直拖到年终才发，势必会令他们的积极性受到打击，从而降低了奖金的激励作用。

所以，团队发放奖金，一定要做到"及时、迅速"，否则，可能黄花菜都凉了！

华为人不缺钱，缺的是荣誉

“

在华为，员工只要勤恳努力、尽职尽责，赚钱是必然的事情，所以，相对物质奖励，华为员工更缺少的应该是荣誉、称赞和肯定。

”

在物欲横流的当下，大多数团队都把激励放在了物质上，从而忽视了员工精神方面的需求。不可否认，相对于那些真金白银，几句赞美、几次肯定的确显得有点寒酸，但这并不表示精神激励就一无是处，且不说能树立正确的价值观，单凭它能迎合虚荣心强的员工这一点，就足以让团队管理者引起高度的重视了。

由此可见，对于团队而言，精神激励也照样不能少。实际上，物质和精神就像一对“连体婴儿”，它们是相辅相成且密不可分的，因为它们都是人的需求，唯有两者结合，才能达到最佳的效果。但与物质激励相比，任正非却更重视员工的精神激励，在他看来：“在华为，员工只要勤恳努力、尽职尽责，赚钱是必然的事情，所以，相对物质奖励，华为员工更缺少的应该是荣誉、称赞和肯定。”

作为一名企业管理者，任正非深知，员工需要的不仅仅是物质方面的东西，还有充足的精神食粮。为此，他在大力推动物质激励的同时，也设定了一系列精神奖励。

在华为，对于那些努力工作、创造高利润、为企业做出卓越贡献的员工，无论是普通的基层员工，还是领导阶层的干部，都能收到企业崇高的敬意。每每此时，受到赞誉的员工都更加卖力地工作，尤其是长期处于一线的基层员工，得到高层领导的肯定后，工作起来就跟打了鸡血似的，哪怕领导只是简单的表扬。

任正非的眼里可不是只有重点部门，对于那些平日里不太“受宠”的间接生产部门，如总务部、财会部、原料部等，他照样不会吝惜赞美之语，并且恰恰相反，他认为这些部门更需要精神激励。为什么呢？因为它们长期默默无闻，员工很容易被冷落，为此，他常去走访，但凡遇见勤恳的员工，便会夸上几句。

不仅如此，为了能让精神激励发挥最大的功效，任正非甚至连细节都不愿放过，对此，有位华为人曾感叹：“任总对员工的精神关怀简直无处不在，他竟能叫出总部80%员工的名字，并了解他们的基本情况，像我这样一个最基层的打印员，他都能准确叫出我的名字，要知道，他可是个管理着15万员工的老板，我简直太激动了。能被他记住，就算要我没日没夜地加班1个月也心甘情愿！”

不知该说任正非狡猾，还是该称赞他的睿智，他这种无微不至的精神激励，是许多企业家压根就做不到的，连激励都做到了这个份上，也难怪华为团队能创造出无数的奇迹！当然，这并不表示管理者非得像任正非那般激励员工，才能让团队获得更快、更好的发展，实际上，对于员工个人而言，无论是团队其他成员，还是它的管理者，只要能真诚地表扬自己、肯定自己，便足以激发他的活力、激起他的斗志了。

在团队发展的过程中，员工除了想得到应有的物质回报之外，同样也希望能给自己挣回良好的声誉，这两者之间不存在任何的矛盾，由此可见，精神激励亦是管理者不可或缺的一种管理手段。而要想让精神激励超常发挥作用，管理者可根据员工的工作态度和贡献，给予不同的荣誉和表扬，这既能给员工一个多方位的肯定，也不会因过于单调而使员工产生反感，到那时，他们又怎能感受不到团队的诚意？

其实，一味地追求物质激励，是一种舍本逐末的做法，团队管理者唯有先管理好员工的精神世界，才能真正地管理好团队。只不过，在现实生活中，有些管理者压根就做得不到位，以致非但没起到激励的效果，还打击了员工的工作积极性，搞得团队也跟着一起“遭殃”。对此，管理者除了反省外，还应注意以下几点：

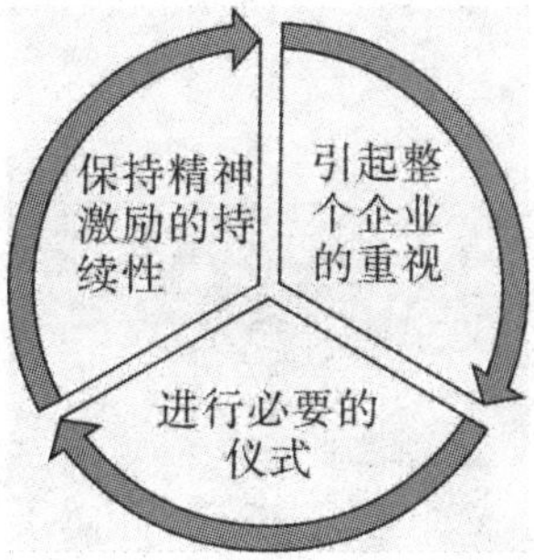

图 7－3　实行精神激励的要素

保持精神激励的持续性

有些管理者对待员工的精神激励，就像对待家里养的小猫小狗一样，完全视自己的心情而定，想起一出是一出，没有丝毫的持续性和规划性，以致团队无法形成一种良好的精神激励的氛围。显然，这种激励手段压根起不到任何作用，只会让员工觉得管理者太不走心。

引起整个企业的重视

生活中，不知管理者是真的碰巧有事，还是在找借口不想参与，开 10 次员工表彰大会，领导却只参加了 1 次，他不是交给人事部门去处理，就是让自己的秘书全权代劳，试问，这样的精神激励怎能出效果？对于员工来说，与其开一场不受重视的表彰会，还不如干脆不开，免得被别人笑话！

要进行必要的仪式

虽然员工大多对精神激励的要求较低，可这并不意味着管理者就真的可以敷衍他们，表彰大会可以不够隆重，但最起码的仪式还是要有的，若仅仅只是在团队内部发个邮件表扬一下，今后还有谁愿意给团队树立好的榜样？又有谁乐意为了一则类似通知的奖励而努力工作？答案早已一目了然！

很显然，以上问题皆因管理者没有用心，若真的用了心，员工又怎么会感受不到你的诚意？可见，要想精神激励发挥奇效，管理者就必须拿出自己的真心、真诚。

管理红绿灯

不可否认，只用精神激励模式能有效降低团队的发展成本，但长此以往，却会让员工们备感虚空，继而导致激励的效果减弱。所以，管理者必须将精神奖励与物质奖励有机地结合起来，唯有刚柔并济、双管齐下的操作模式，才能达到最理想的效果，对此，咱不仅要懂得“发红包”，同时也不能吝啬“糖衣炮弹”！

想留住人才，先亮出“底牌”

> 人才不是按管辖面积来评定待遇体系的，一定要按贡献和责任结果，以及他们在此基础上的奋斗精神。

不知是社会风气造成的不良影响，还是因为企业或组织太过求贤若渴，当下的人才流动十分频繁，以致如何留住那些刚招揽到旗下的人才，成了摆在管理者面前的一道难题。要知道，人才可不是木材，只要你能砍得下来，它便会乖乖地待在仓库里，这人哪，不但有自己的思想，而且还有一大堆的需求，要想让他效忠于你，就得先满足他的需求，否则，即便能留住他的人，也留不住他的心！

在留住人才这方面，华为那完善的员工福利待遇体系，可谓是“前无古人”，大到十几万的安家费，小到一张往返的飞机票，几乎覆盖了全部。

为了让员工无后顾之忧地干活，早在 2012 年，华为就大手笔地投入了 58.1 亿人民币，建立了一套完善的员工福利体系，从而给了全球华为人一份良好的保障。

这将近60亿的资金都用到了哪里呢？首先，便是保险，除了当地法律规定的各类保险外，华为还为员工买了人身意外险、寿险、医疗险及商务旅行险等多种保险，并制订了公司特殊医疗救助计划，以充分保障员工的人身利益。不仅如此，华为的人身意外险覆盖了全球所有的员工；而商业重大疾病险和寿险覆盖了所有中国地区的员工；商务旅行险则遍及公司外派出去的所有员工。

其次，华为还为员工提供了极具特色化的货币化福利。华为的货币福利有两种：一种是退休基金，华为每月都会额外发工资的15%作为退休基金，员工在离职或达到一定额度时可一次性提取；另一种是工卡现金补助，它分为三类：深圳关外每月补助1000元；国内其他地区每月补助800元；海外没有补助。深圳关外之所以高出了200元，是因为该地区交通费用较高，海外则有自己的补助政策。

再次，便是海外员工的福利了。他们只要达到一定的资格，就可以向华为申请家属随行，并且，公司会为驻外人员家属提供必要的生活福利。此外，对需要在海外工作3年以上的员工，公司会发一笔高额的安家费，出国前一次性发放，同时还会提供独立的住所。而对于那些家属中不愿出国的人，只要该家属员工在境外工作满1年，该家属便可以去探亲，虽然每年只有1次机会，但往返机票公司会全包。

看到这，你是否有种想找块豆腐撞死的冲动呢？的确，华为给员工提供的福利待遇不仅全面，而且还非常贴心，相信除了六根清净的神仙，这搁谁身上谁都会心动！正因为如此，华为才能在竞争激烈的人才市场中稳操胜券，甚至有其他企业员工爆料：华为想挖别人的人才很容易，可别人要想挖华为的人才，简直比登天还难！

实际上，这亦是任正非的管理智慧所在，他清晰地意识到，团队做大到一定程度后，管理者所要追求的，早已不是个人财富的增长，而是团队所有员工生活水平的提高，唯有让每一位成员都切身感受到团队给他们带来的丰厚利益，才能够稳稳地留住人才，并使其全身心地投入工作，进而为团队创造更大的价值。

对于这一点，索尼公司的创始人之一盛田昭夫也深表赞同，他还差点因此而犯错。

一天，盛田昭夫下班去食堂吃饭，发现有个年轻的员工不开心，于是主动跟他交谈。片刻，年轻人便说出了原因："索尼的福利太差了：别人有节假日，它没有；别人有特殊补贴，它也没有；最让人气愤的是，员工的自主创新和发明给公司带来效益后，它居然不给员工一点回报！今天下午，我把一个小发明交给科长，他竟然嘲笑我异想天开，甚至连看都没看我的发明。"

盛田昭夫听后十分震惊，他本以为福利待遇就只有"五险一金"这类的，却不知员工的需求远比这些要多得多。于是，他开始深思并反省，重新考虑关于员工的激励体系和福利保障。不久之后，盛田昭夫便开始调整索尼的福利体系，将节日补助、交通补助、旅游特惠等多项补助，都列入了公司福利系统当中，并针对发明创造的问题，专门设立了"索尼之星奖"，以激励员工们大胆地创新。

这些改革大大激励了索尼员工的工作积极性，车里的汽油是公司补助的；盘子里的牛排，也是公司为加班者免费提供的……吃、喝、住、行，公司都已经帮自己安排妥当，若再不努力工作，那简直太不地道了！在员工福利的激励下，索尼人几乎是甩开了膀子干活，这不但降低了员工的流失率，而且各种五花八门的专利更是如同雨后春笋般诞生了，正是这些专利，让索尼一路走向了鼎盛。

索尼是幸运的，若不是它及时完善了员工的福利体系，很可能今天的索尼就是另一番景象了！中国有个成语叫"知恩图报"，用它来形容团队和成员之间的关系，简直再贴切不过了，啥意思呢？唯有先让成员"知恩"，团队才能"图报"，换言之，即只有让员工切身感受到福利带来的好处，才会产生强烈的归属感和责任感，从而心甘情愿地去干活，这是团队能留住人才的一张"底牌"！

对于任何一个团队来说，要想留住好不容易招揽来的人才，就得给他们提供能满足其需要的价值保证，而最能体现这一点的，便是福利待遇。相对于工资、奖金这些以劳动换取的回报，福利待遇是最能体现团队诚意的人性化激励手段，唯有亮出这张“底牌”，才能激起人才的负债感和责任感，使其更好地为团队做贡献。

其实，谁都知道人才是增强团队实力的根本，所以绝不能随意放走一个，然而，心里清楚归清楚，真正做起来却非易事，尤其是在竞争激烈的当下，争夺人才的“战争”，一直都是明争暗斗。对此，一个有方法的管理者，必会完善企业或组织的福利保障体系，擦亮自己的“底牌”，从而让那些人才“闻着味”过来！

管理红绿灯

很多时候，留住一个人才远比研发一代产品、推销一批产品的价值要高，而面对“千军易得、一将难求”的尴尬局面，管理者要做的，不仅仅是擦亮自己的“底牌”，还必须明白：求贤纳士、选人用才，贵在诚心实意。虽然“没有钱是万万不能的”，但团队管理者若没诚意，哪怕摆座金山在人才面前，他们也不一定肯留下，所以，管理者要想留住人才，还得在完善福利待遇之余，再展现一下诚意。

华为没人特殊：以贡献领酬劳

“

我们要敢于打破过去的陈规陋习，敢于薪资向优秀的奋斗者、成功实践者、有贡献者倾斜！

”

也许，在大多数团队看来，那些学历、资历什么的，都是员工薪资待遇的加分项，但在华为，工资压根就不关它们的事，只跟员工的奋斗和贡献挂钩，谁给公司做出的贡献最大，谁便能获得最高的报酬、最好的待遇，否则，就老老实实地拿“低保”！要想涨工资，哪怕牛皮吹得上了天，都不如看得见的贡献奏效！

在华为，没人关心你来自哪个名校，也没人在乎你的资历有多老，要想获得高的工资、好的待遇，就必须先给公司做出贡献来。为了推进“以贡献领酬劳”策略的执行，华为将员工的绩效等级分成了22个级别，每个级别的员工等级又按照能力分为A、B、C三个等级，要想升级，就得用自身的能力多为公司做贡献。

华为人的工资与绩效等级息息相关，例如，员工甲的绩效评价是13C，那么他的工资就是5500元；员工乙的绩效评价是22C，那么他的工资就是59500元。虽然奖金和分红等其他的福利另算，但也得通过考核系统来衡量，只不过，13级的员工一般没有期权福利，唯有达到15级时，才能获得3万～4万元的期权。

不仅如此，华为还在工资岗位标准中设置了胜任系数，适度奖励那些勤奋努力的员工，并对懒散、不思进取的员工施以处罚。一般情况下，华为规定员工的完全胜任系数是1，基本胜任系数是0.9，暂不胜任的系数是0.8。此外，它还根据地区的差异进行了适度调整，并且专门设置了各个地区的差异系数，比如说，一级城市是1，二级城市是0.9，三级城市是0.8，其他城市是0.7。

然而，真正能决定绩效等级结果的，却是员工的工作完成情况，以及员工的日常工作强度、项目执行力等这些方面的评价，因为华为重视的始终是贡献，贡献越大等级就越高。在这一薪资体制下，华为极少出现员工投机取巧和倚老卖老的现象，从而给了员工一个公平、公正的公司环境，让大家都争相为公司做贡献。

不难看出，华为的价值分配就是为贡献者开路，员工的贡献越多，得到的回报便会越高；反之，就只能拿最低酬劳，甚至可能会被开除。说白了，就是“以贡献领酬劳”，这不但能激励员工为团队做更多的贡献，给他们以充分发挥才能的空间，而且，还激活了成员之间的竞争意识，使懒惰者被淘汰、优秀者更优秀。

然而，在现实生活中，很多团队却拿高薪厚禄养着一些“蛀虫”，他们也不是没有能力，就是已经习惯了安逸的生活，于是每天都按部就班，对工作没有丝毫的热情。实际上，每个团队都有这样的一群人，以“全球最高工资”著称的华为，曾经更是有过之无不及，不少人只顾着享受公司的好待遇，却不愿为此而付出。

为了杜绝这种现象，让真正的贡献者获得利益，华为做出了以下改变：

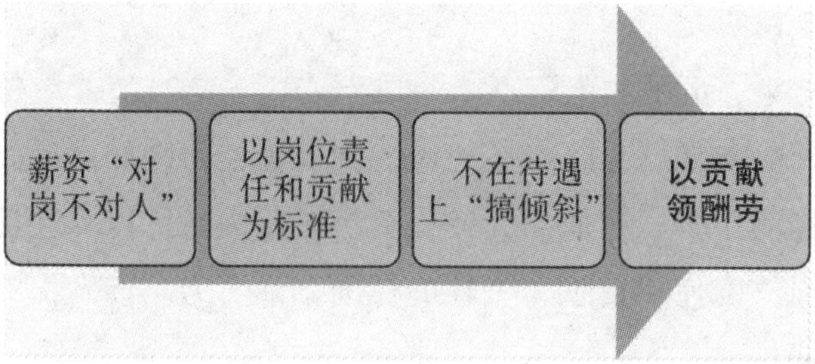

图7-4 华为实行“以贡献领酬劳”的策略

薪资发放“对岗不对人”

对于华为的薪资改革，轮值CEO徐直军表示：“我们在是按职位付薪还是按个人付薪上一直存在误区，由于我司多年来评工资是直接评个人，因此几乎所有管理者和员工都自然而然地认为我司是按个人付薪。但是HAY公司为我司建立的薪酬体系是按职位付薪的体系，与我司多年来的事实理解相差很大。只有真正从按个人付薪转变为按职位付薪，此次人力资源变革才能真正落地，也只有真正做到按职位付薪，才能做到易岗易薪。我们只有坚决地执行易岗易薪，才不会造成高成本，也只有执行易岗易薪，才能使在岗的各级干部和员工珍惜本职工作。”

也许，在发放薪资方面，不少管理者都踏入过徐直军所说的误区，总觉得工资是针对员工个人的，殊不知，若他们没有了职位，就会变成对团队毫无价值的“闲杂人等”，难道这样的人，你也要高官厚禄养着他？答案当然是不养！所以，管理者在给员工定工资时，要将重点放在岗位上，确保薪资发放“对岗不对人”。

以岗位责任和贡献为标准

为了让有贡献的华为人多拿酬劳，2005年任正非曾说：“我们将推行‘以岗定级、以级定薪、人岗匹配、易岗易薪’的工资制度改革，实行基于岗位责任和贡献的报酬体系，为更多新人的成长创造空间。任何员工，无论新老，都需奋斗。从高层管理团队到每个基层员工，只有保持不懈怠的状态，华为才能活着走向明天。”

在任正非看来，员工的工资不能一成不变，它应当随着岗位的变化而改变，否则，就无法激起员工的工作积极性。事实也的确如此，如果员工偷懒和努力都拿一样的工资，那他们为什么要拼命干呢？所以，管理者在发薪资时，一定要以岗位责任和贡献为考核的标准，谁卖力、谁做出的贡献大，就多发给他一些钱！

不在待遇上“搞倾斜”

在对华为实行人力资源改革时，任正非提出“我们首先要把岗位搞清楚，把岗位的重量搞清楚，让每个岗位在公司都应该有增值。”对此，他重点强调了不能在待遇上搞倾斜：“如果确实有必要称重一点儿，就不要给他定18级，看能不能直接定19级，但同样18级，就应该都是18级的待遇。要以贡献定待遇，动不动搞倾斜，会导致人力资源发展不均衡，所有岗位都朝被倾斜的地方流。”

在现实生活中，很多团队都喜欢在待遇上“搞倾斜”，并认为这是激励成员的一种有效手段，没错，如果方向正确、方式合理，这的确能激发员工的积极性，但在薪资的问题上最好别玩这一套，否则一不小心便会摔个大跟头！对此，最简单、直接的办法就是在尊重大原则的基础上，以实际贡献来确定最终待遇，这样一来，即使工资的天平有所倾斜，员工们也无话可说，因为那是人家应得的报酬！

管理红绿灯

一直以来，优秀的企业都十分重视优秀的员工，华为亦是如此。但后来，任正非却发现，那些所谓的“优秀员工”，竟不能给团队带来更大的效益，面对这一事实，他表示，优秀就是合适的岗位上坐着合适的人，而不是在不合适的岗位用一大堆博士。可见，管理者要想不浪费自己的“子弹”，还得弄清楚优秀与贡献之间的关系，即能为企业做贡献的人才是优秀者，只有这样的员工才能拿高工资。

第八章

危机：华为没有成功，只是在成长

什么叫成功？是像日本那些企业那样，经九死一生还能好好地活着，这才是真正的成功。华为没有成功，只是在成长！

世界瞬息万变，唯惶者才能生存

“

企业以往的成功，往往成为失败之母，在这瞬息万变的信息社会，唯有惶者才能生存！

”

华为自成立以来就危机不断，虽通过自身的努力将危机都一一化解，但华为人却仍然保持着强烈的忧患意识，即便是在形势一片大好的当下，他们也不敢有丝毫的懈怠，时刻警惕着市场的任何变化。正是这种根深蒂固的危机感，不仅培养出了华为人的警惕性和敏感性，还锻炼了他们艰苦奋斗、不断进取的精神。

随着在C&C08交换机上的技术突破，华为的产品开始向市场大面积渗透，公司进入了高速发展的阶段。紧接着，华为又提出了进军海外市场的方案，随着华为人在海外的不断扩张，公司在登上国际化大舞台的同时，也逐渐成为国内首屈一指的大企业。面对如此巨大的成功，任正非不仅没有开心得蹦起来，反而还十分担心华为所取得的巨大成绩，会让员工们产生自满的情绪，从而影响今后的工作。

为了让华为人始终保持一份危机感，任正非在一番慷慨激昂的动员讲话后，便开始对华为实行大刀阔斧的整改。首先，他请来了 IBM 公司的专家进行指导，结果发现在那些由技术岗位晋升的管理人员中，有很多人仍然沉溺于自己的技术世界，对团队管理、资源协调等管理工作不是很热情，甚至对国外的先进管理手段存有抵触情绪。这种现象正应了任正非的担忧，于是他决定先从管理层入手。

对此，任正非开始在高层实施“归零政策”，通过公平的竞聘上岗，有能力的继续留任，而没能力或跟不上形势需要的，则采取转岗或者下岗的措施。与此同时，任正非还提出了“易岗易薪”的口号，将不能胜任工作、不服从调动、不能吃苦耐劳的干部全部调离，让这些人或脱产学习，或调岗，薪资也跟着调整。

除此之外，任正非还贯彻执行5%的末位淘汰制，以建立一个良性的新陈代谢机制，从而使华为能引进一批优秀的员工，让企业保持源源不断的活力。

实际上，随着竞争的愈演愈烈，绝大多数企业领导者都懂得危机意识的重要性，然而即便是这样，也依然有企业栽在了危机的手里，这是怎么回事呢？原来，它们并没有真正理解何为“危机意识”？对此，任正非曾举过一个例子：在日本的松下电器公司，不论是办公室、会议室，还是通道的墙壁上，随处都能看到一幅贴画，画上画的是一艘即将撞上冰山的巨轮，下面写着“能挽救这艘船的，唯有你！”。

显然，松下公司将自己比作那艘随时会撞上冰山的轮船，以提醒员工要时刻保持一份危机感。的确，唯有培养成员的危机意识，才能让团队在困难和挫折面前临危不乱，就算跟危机撞个正着，成员的信心和斗志也丝毫不会减弱。任正非认为，危机意识能在团队身处险境时，充分激发成员的生存技能和工作潜能。

那么，如何才能唤醒团队成员的危机感呢？管理者可以从下面几点入手：

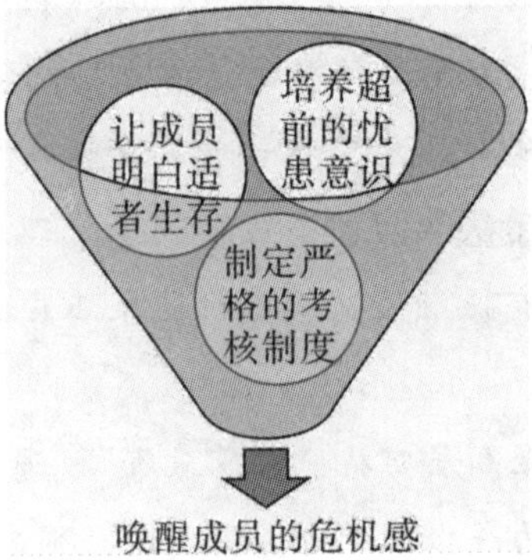

图 8－1　团队管理者如何唤醒成员的危机意识

让员工明白适者生存

物竞天择既是大自然的生存规律，更是团队管理的重要准则，作为管理者的我们，有责任时刻提醒自己的成员，他们的饭碗与乌纱帽都是捧在手上的，而不是锁在保险柜里的，要想让企业高官厚禄地养着他们，就必须拿出不怕流血流汗的干劲。唯有让他们明白适者生存的法则，才能使他们时刻保持一份危机感。

若想做到这一点，管理者可以设定一些相关的制度，如像华为那样实行“归零政策”“易岗易薪制”和“末位淘汰制”等，这些手段虽然有点残忍，但却能让员工产生积极工作的动力，敢于迎接各种挑战，从而为团队做出更大的贡献。

培养超前的忧患意识

孟子有言：“生于忧患，而死于安乐。”在任正非看来，团队想要保持自己的不败之地，就必须具有长久不懈的忧患意识。事实证明，长期处于安逸的环境中，团队不仅会逐渐失去竞争力，甚至还会面临生存的难题。很多时候，管理团队就如同逆水行舟，一旦成员失去了忧患意识，便会养成不思进取的臭毛病，使眼前的顺境瞬间变成一种困局，若一个不小心遇到了真的危机，可能分分钟关门大吉！

实际上，对于团队而言，注重忧患意识不仅是一种持续发展的战略，更是一种将压力转变成不竭动力的有效措施。所谓“忧患意识”，是指管理者不断向下属传输居优思劣、居安思危、居盈思亏、居胜思败的思想，其目的是为了预防危机的到来，唯有居安思危，方能做到处变不惊，从而乘风破浪继续前行。因此，作为一名管理者，必须在团队中树立忧患意识，让成员学会未雨绸缪，以做到防患于未然。

制定严格的考核制度

可以说，在任何一个团队的内部，都有那么一些不思进取的成员，他们虽然不会犯错，却也不愿花心思去工作，而是做一天和尚撞一天钟地混日子，每天就数着日子等发工资。若这种业绩差、绩效低的成员都能高枕无忧，那么企业必然会走向灭亡，只有建立“以结果为导向”的考核制度，才能增强员工的危机感。

人们对于成功的定义，见仁见智，而对于失败却往往只有一种解释，那就是没有达到预先设定的目标。管理者要让成员意识到这一点，并让他们明白：企业从不养闲人，想从这里拿钱，就必须付出劳动，每次都完不成目标，趁早滚蛋！

管理红绿灯

不可否认，管理者强化成员的危机意识十分必要，然而，事物都具有两面性，一旦这危机感超过了成员的心理承受范围，便会适得其反。所以，管理者千万不能过度依赖和夸大危机意识的作用，因为过分给成员加压必会导致他们心理失衡、行为动荡，这会极大地挫伤成员的积极性和主动性。尤其是当成功在即时，过于灌输忧患意识，很易打击成员的自信心和积极性，反而可能致使团队最后走向失败。

想顺利过冬，春天就得做准备

> 现在是春天吧，但冬天已经不远了，我们在春天与夏天要念着冬天的问题！

2001 年 3 月，华为正以迅雷不及掩耳之势快速地发展，然而，任正非却在此时写出了一篇大谈危机和失败的文章——《华为的冬天》。千万别以为他这是在作秀，因为文章字里行间那满满的担心和忧虑是骗不了人的，很显然，这是他发自内心的想法和感悟。事实证明，正是他的这份危机感，屡屡救华为于水火之中。

早在 10 多年前，华为就成功地打开了国际市场，分公司几乎遍及世界的每一个角落。但在任正非看来，华为的未来还面临着诸多挑战，他必须在这个温暖的春天提前做好准备，以帮助华为顺利过冬。而事实也证明，他的担忧并非多余！

2012 年年底，一家美国的竞争对手公司起诉华为、中兴侵犯专利，要求华为立刻停止在美国销售自己的产品，致使华为开拓美国市场之路再度“吃闭门羹”。

2013 年 5 月，新西兰宣布软件不再具有专利性，新西兰是华为最重要战略市场之一，随着专利权的取消，华为在新西兰的研发安全性受到了剧烈的冲击。

2014 年，手机业因快速 IT 化进入微利时代，华为面临着同行的价格挑战。

2015 年，专家预计，华为将成为国际专利流氓的重点攻击目标之一。

2016 年，虽然华为年收入高达 5200 亿元人民币，但实际利润却几乎没有增长。

2017 年，华为新发布的 P10 系列手机，自从投入市场后就遭遇诸多不顺，前期的“屏幕门”事件还没结束，转身又陷入了“内存门”。

……

也许，在以上种种困难面前，其他企业会被吓得“腿发软”，但对于早已做好了准备的华为而言，这些都不过是小菜一碟！面对危机，华为“面不改色”地采取了措施：实行多方位的岗位调整，让更有才华和活力的年轻人上位，给新生代们更多的成长空间；始终坚持“以客户为中心、艰苦奋斗”的核心价值观，并长期坚持自我批判，病从小治；充分利用务虚会制度，在变革发动前充分蓄势；等等。

虽然华为这一路走来颇为艰辛，但提前做好准备每每都能令它化险为夷，这便是它与众不同的经营之道。在任正非看来，要想顺利地度过寒冷的冬季，团队成员就必须在温暖的春天做准备，因为“繁荣的背后充满危机，失败这一天是一定会到来的，大家要准备迎接，这是我从不动摇的看法，这是历史规律”。唯有如此，才能降低发生危机的概率，即使真摊上了事，也能临危不乱、及时处理。

实际上，危机并没有我们想象中那么可怕，只要管理者能提前做好迎战的准备，便可以有效地预防或控制危机。对此，飞机涡轮机的发明者德国人帕布斯·海恩指出：每一起严重事故的背后，每每都藏着 29 次轻微事故和 300 起未遂先兆，以及 1000 起事故隐患。这就是管理学中赫赫有名的海恩法则，它旨在告诫管理者们，企业每一次严重事故的发生，皆是必轻微事故、事故未遂先兆及事故隐患所开始的！

说白了，管理上的轻视、行为上的惰性，才是真正酿成事故的罪魁祸首。对于团队管理者而言，最可怕的是对危机已麻木不仁，最不能原谅的是在取得成绩后的掉以轻心。很多时候，“没有问题”往往就是最大的问题，“头悬安全之剑、绷紧安全之弦”，这种强烈的危机意识，是一名优秀管理者最起码的管理智慧。

其实，这也正是任正非提出“冬天论”的原因所在。在他看来，只有随时做好迎接挑战和冲击未来的准备，华为才能在激烈的市场竞争中生存下来。那么，为了避免危机，团队管理者又该做好哪些准备呢？答案就在他那篇《华为的冬天》里！

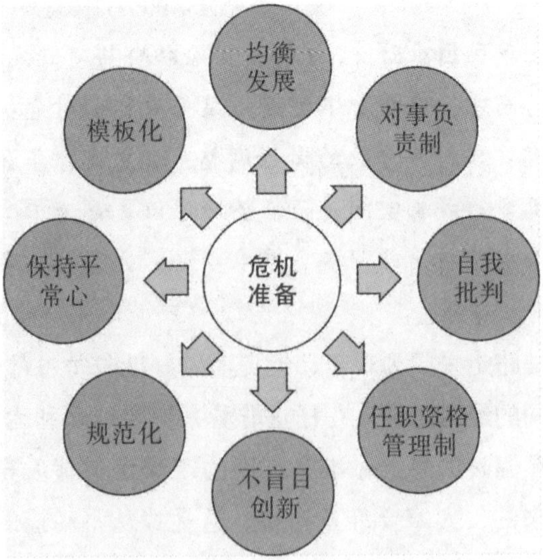

图 8－2　华为为冬天做的准备

“第一，均衡发展，就是抓短的一块木板：各部门、各科室、各流程主要领导都要抓薄弱环节，不断地强化以流程型和时效型为主导的管理体系的建设。”

“第二，对事负责制与对人负责制是有本质区别的，一个是扩张体系，一个是收敛体系：要简化无须确认的东西，减少在管理中不必要、不重要的环节。”

“第三，自我批判，是思想、品德、素质、技能创新的优良工具：自我批判不是为批判而批判，也不是为全面否定而批判，而是为优化和建设而批判。”

“第四，任职资格管理制。任职资格管理制及虚拟利润法是推进公司合理评价干部有序、有效的制度：我们要坚定不移地继续推行任职资格管理制度，只有这样才能改变过去的评价蒙估状态，才会使有贡献、有责任心的人尽快成长起来。”

“第五，不盲目创新，才能缩小庞大的机关：我们要坚持‘小改进，大奖励’。研究其与公司总体目标流程的符合，与周边流程的和谐，要简化、优化、再固化。”

“第六，规范化。规范化管理本身已含监控，它的目的是有效、快速的服务业务需要：规范化是一把筛子，在服务的过程中也完成了监督。要把服务与监控融进全流程。我们也要推行逆向审计，追溯责任，从中发现优秀的干部，铲除沉淀层。”

“第七，保持平常心。面对变革要有一颗平常心，要有承受变革的心理素质：不管是对干部还是普通员工，裁员都是不可避免的。我们从来没有承诺过，像日本一样执行终身雇佣制。我们公司从创建开始就强调来去自由。”

“第八，模板化。模板化是所有员工快速实现管理进步的法宝：各流程管理部门、合理化管理部门，要善于引导各类已经优化的、已经证实行之有效的工作模板。”

管理红绿灯

实际上，华为还有一种备战危机的方式，那就是任正非提出的“讨论术”。对此，他让华为团队广泛展开对危机的讨论，讨论华为有什么危机，你的部门有什么危机，你的科室有什么危机，你的流程有什么危机，还能改进吗，还能提高人均效益吗。如果讨论清楚了，那华为可能就不会死，就延续了华为的生命。

轮值 CEO，干部没有终身制

“

轮值 CEO 制度平衡了公司各方面的矛盾，使公司得以均衡地成长。所以，华为的继承者不会是一个人，应该是继承者们！

”

生活中，不少人一旦占据高位便没了危机感，权力在握的他们总觉得可以高枕无忧了，而正是这些人在教坏下属的同时，也给团队带来了极大的危害。相对于普通员工来说，一个缺乏危机意识的干部更可怕，为什么？因为他们大多都是团队的领导者和决策者，但凡他们出现一点差错，就可能会将置团队于万劫不复之地！

对此，任正非在选择企业接班人时，并没有只考虑一个人，而是一群人。

实际上，华为的轮值 CEO 制度，早在 2004 年就已经初见端倪。当时，美国顾问公司帮华为建立了一个 EMT（经营管理团队），并建议由任正非直接就任主席，却遭到了任正非的拒绝，同时推出了轮值主席制度，由 8 位华为高层领导轮流执政，每人半年，经过两个循环之后，最终演变成了今天的轮值

CEO 制度。

那么，究竟为什么搞轮值 CEO 制呢？其实就是想分散权力，让管理者保持一份危机感。其主要有两项任务：一是要提升企业的业绩；二是处理紧急事件和化解危机。除一位核心决策者外，其他 7 名高管可以共同行使决策权，如调整员工薪酬或升降某位干部等。当核心决策者的任期结束时，便由下一位轮值 CEO 来接替他之前的工作，而他则回到那个 7 人团队中，继续参与跟企业相关的集体决策。

事实证明，任正非的决定是正确的。在这一制度下，针对公司出现的各种问题，因需要获得其他 7 个人的同意，使得华为能进行多方位的考量；那些小问题直接由轮值 CEO 自行处理，从而提高了企业的整体效率；还有些更为关键的问题，因需要提交董事会审批而做到了严格把关，大大降低了决策失误的概率。

显然，对于华为而言，轮值 CEO 制是一种持久而富有活性的接班人制度。

看到这，有人可能会觉得：任正非为了保持团队的危机感，还真是豁得出去，简直可以称得上是无所畏惧。殊不知，他并非没有自己的考量，华为团队正以百米冲刺的速度在前行，面对巨大的胜利硕果，不少员工都出现不思进取的现象，更别提那些坐在办公室里吹空调的干部了，若不给他们点压力，华为必亡。

从某个角度来说，增加员工们的危机感，其实就等于给他们施加压力，有了压力，他们自然不敢放松警惕。所谓“压力越大，动力就越大”，一位聪明的团队管理者，势必懂得给下属制造必要的危机感，当他们感受到压力的逼迫时，便会充分调动自己的潜能，将压力转化为动力，从而加快团队高速发展的步伐。

其实，给员工施压是企业管理者惯用的伎俩，咱们的“肯德基爷爷”便是如此。

这一天，肯德基总公司对上海外滩一家店进行了突击考察，并将工作质量分 3 次鉴定评分，分别为 83 分、85 分、88 分。分数出来了，虽然不低，但也不是很高，这说明这家店在工作中依然存在缺陷，有些地方需要进一步改善。接到结果后，该店经理迅速招来各部门负责人，将总公司的鉴定结果反馈给他们，然后一起商讨如何参照总公司的这份抽查结果，改进并完善那些做得不好的地方。

这样的工作流程，对于现在的公司经理来说，可谓是驾轻就熟，但是在最开始收到总公司的抽查鉴定书时，公司各部门都为之瞠目结舌，每个人心底都有个疑问：从没有总公司的工作人员来这里视察过他们的工作，那么，这份如此详尽的鉴定书，以及测评分数都是如何得来的呢？

原来，为了更好地监督与管理员工，肯德基专门雇佣、培训了一批人，让他们佯装成顾客潜入肯德基店内，对这家店的服务态度、卫生情况等各方面进行检查评分，并详细地列出具体原因。由于这些特殊的顾客通常都来无影、去无踪，以至快餐店的经理与雇员们倍感压力，丝毫不敢在工作中有半点疏忽！

显然，咱们的“肯德基爷爷”是个施压高手，他深知压力之下必出成绩，唯有压力能保持团队的危机感。正因为如此，任正非才提出：“我们的干部不是终身制，高级干部也要能上能下。在任期届满，干部要通过自己的述职报告，以及下一阶段的任职申请，接受组织与群众评议以及重新讨论薪酬。长江一浪推一浪，没有新陈代谢就没有生命。必要的淘汰是需要的，任期制就是一种温和的方式。”

而跟任正非持相同意见的，还有美国旅行者公司的首席执行官罗伯特·薄豪蒙，他认为：“如果你的企业没有危机，你就要想办法制造一个危机，因为你需要一个激励点来集中每一个员工的注意力！”要知道，居安思危并非人人都能做到，尤其是对于那些过惯了“好日子”的干部来说，除了得充分发挥自己的想象力外，更需要借助点外来的压力来帮帮自己，否则很难培养他们的危机意识。

在现实生活中，企业或组织因压力而爆发出无限潜力的案例比比皆是。因此，作为管理者的我们，必须懂得用压力来激发团队成员的潜力，在必要的时刻，应适当地将团队“搅拌搅拌”，以让成员们“活”起来，唯有如此，才能让他们始终保持积极上进的心态和动力。

管理红绿灯

在团队中，管理者常会用施压的方式，来培养成员的危机感，因为这一招不但简单、直接，而且还有效，即便对方天生就没心没肺，也照样能在强压之下卖力地干活。只不过，管理者在施压时，一定要注意拿捏好分寸，压力过大往往会适得其反，压力太小则达不到想要的效果。所以，一定要将压力控制在合理的范围之内，唯有如此，才能挖掘出团队成员的能力极限，充分发挥他们的优势。

设立“红、蓝军”，有对手才能进步

“

要想升官，先到‘蓝军’去，不把‘红军’打败就不要升司令。‘红军’的司令若没有‘蓝军’的经历，也不要再提拔了。你都不知道如何打败华为，说明你已到天花板了。

”

相信，但凡了解华为的人，都知道它拥有一支强大的“蓝军”，专门用来跟“红军”唱反调。也许在外人看来，这简直不可思议，但任正非却觉得，设立一个到处惹是生非的“蓝军”很有必要。为什么呢？因为危机感爆棚的他认为：“竞争就像拧毛巾，只要拧得出水来，就说明还有竞争空间，一旦毛巾拧断了，企业也就完了；只有毛巾拧干了，但还没有断，才是企业发展的最佳状态。”

10 多年前，华为开设了一个被称为“蓝军”的特殊团队，它是竞争对手或创新型战略发展模式的代表，之所以说它特殊，是因为它有一个很特别的任务，那便是跟代表现行战略发展模式的“红军”唱反调！其实说白了，它的主要工作就是和“红军”对着干，有事没事地找对方的茬、挑对方的刺、将对方的军。

这是啥情况？原来，任正非为了提升华为团队的危机感，在公司设立了相互对抗的“红、蓝军”！其中，“蓝军”的主要任务是虚拟各种对抗性的声音，以及模拟各种可能发生的信号，甚至可以提出一些危言耸听的警告，及时地给“红军”提个醒！除此之外，“蓝军参谋部”还要从不同视角去观察公司的战略与技术发展，以不同立场来审视、论证“红军”的战略、产品、解决方案的漏洞或问题。

至于以什么方式展开对抗，那可就多了去了，如辩论、模拟实践、战术推演等。

你若觉得任正非这是在胡闹，那就大错特错了，因为事实证明，他的这一奇招的确有效。2008 年，华为本想将子公司华为终端卖给贝恩资本投资公司，但眼尖的“蓝军”却发现了终端的重要性，同时，它还提出了云计算结合终端的“云管端”战略，从而给华为开辟了一条崭新的终端业务。现如今，华为的终端已成为全球第三大手机厂商，仅次于苹果和三星，年年都能给华为带来丰厚的利润。

不得不说，任正非简直是个管理奇才，他那脑洞几乎时刻处于大开的状态，屡屡都能琢磨出令人意想不到的奇招，以促进华为团队的发展。当然，这并不意味着发展团队就必须出奇制胜，只要能给员工找个适当的竞争对手，照样能激发他们的潜力和动力，让他们自己去寻求进步，也使团队不断地进步，更富竞争力。

其实，无论是团队内部，还是在团队外部，一旦失去了竞争对手，便会安于自己的现状，届时，团队上下都将不思进取，以致管理者脑袋闭塞、员工敷衍工作。正因为如此，任正非才持续推行“红、蓝军”政策，其目的就是为了增强华为的竞争力，使其获得长足的进步。对于这一点，本田宗一郎先生也深表赞同。

这天，本田宗一郎在考察时发现，不少人工作时都心不在焉，于是，他想来一次人事方面的改革。他决定从销售部入手，因为销售部经理的观念离公司的精神相距太远，而且他的守旧思想已经严重影响了自己的下属，因此，必须尽早打破销售部只会维持现状的沉闷气氛，否则，公司的发展将会受到严重影响。

经过周密的计划，本田终于将松和公司的销售部副经理，年仅35岁的武太郎挖了过来。武太郎接任本田的销售部经理后，首先制定了一套营销法则，紧接着，他又对原有市场进行分类研究，制定了开拓新市场的详细计划与明确的奖惩办法，同时，他还把销售部的组织结构进行了调整，使其更符合现代市场的要求。

武太郎上任的雷厉风行，不仅让基层员工们战战兢兢，怕自己会成为经理解雇的对象，还令其他部门的领导层们忧心忡忡，害怕职位会不保。一段时间后，本田公司不但销售出现了转机，月销售额直线上升，而且其他部门也逐渐改变了昔日拖沓的作风，开始高度注重工作的效率，将执行力放在了第一位。

从那以后，本田每年都会从外面聘用一些精干利索、思维敏捷的生力军，甚至有时还会聘请常务董事级的大鳄，在这些对手的激励下，公司的业绩蒸蒸日上。

实际上，在团队管理的过程中，管理者面临的最大难题，就是如何激发那些毫无生机的成员的工作热情，虽然他们每天都按时上下班，却对工作没有丝毫的激情。对此，但凡有点头脑的管理者，都会像本田宗一郎先生那样，在内部采取负激励的措施，以竞争激发员工们的活力，从而激活企业团队的战斗能力，使其保持长足的进步。

在任何一个团队中，如果人员长期固定不变，彼此又非常熟悉，就极易产生惰性，进而削弱团队的战斗能力。因此，一位聪明的管理者，应懂得为员工人为地制造些竞争对手，给那些故步自封、因循守旧的员工一些压力，促使他们打破昔日的平静，充分挖掘自己的潜力以保住职位，并以此达到激活团队的目的。

对此，管理者可从两点入手：一是从外部聘请人才，增强内部的竞争气氛，让员工产生紧迫感，以激发他们的进取心和工作积极性；二是进行适时的换血，辞退那些不能适应工作或工作绩效不佳的人，引进可以激活企业的“新鲜血液”，这既能让在职的老员工产生一种危机感，又能给团队带来新的思维与新的活力。

其实，只要你把团队这潭水搅动起来，就能引发成员的恐惧感，让他们更加努力地工作。

管理红绿灯

要想培养员工的危机意识，也不一定就非得给他们找竞争对手，管理者也可以给他们树立榜样，团队越是重视这些榜样，成员的危机意识就会越强。这人哪，总难免会有攀比之心，当员工发现别人比自己混得开、混得好时，除了会心生嫉妒外，还会自然而然地产生一种危机感，生怕那些人会威胁到自己的利益。管理者若能充分利用这一心理，不但能培养员工的危机感，还能起到良好的激励作用。

越是成绩傲人，越要保持清醒

“

华为必须时刻保持危机感，面对成绩保持头脑清醒，不骄不躁！

”

现如今，华为已成功登上世界舞台，并坐稳了世界第一电信设备供应商的宝座，然而，面对如此巨大的成就，任正非却依然保持着头脑清醒，看到了华为将要面对的诸多阻碍。对此，他提醒华为人：“10 年来我天天思考的都是失败，对成功视而不见，也没有什么荣誉感、自豪感，而是危机感。也许是这样才存活了 10 年。我们大家要一起来想，怎样才能活下去，也许才能存活得久一些。”

其实，自华为成立以来，任正非就一直在给团队“泼凉水”，并且，越是成功他便泼得越狠。这是为什么呢？原来，他想借此让华为人时刻保持危机感、保持头脑清醒！的确，在创业初期，大多数人还能具备危机意识，但随着团队的不断发展和壮大，他们便开始飘飘然起来，脑袋也渐渐变得失去了理智，每每此时，便是团队出现事故的高危期，这亦是为什么很多团队才笑过就哭的原因所在!

正因为如此，任正非才坚持给华为的团队“泼凉水”，哪怕公司已经强大。

2000年，华为勇夺国内同行业销售榜之首，在国际电信市场也占领了一席之地，面对如此巨大的成功，华为人无不感到骄傲和自豪。然而，任正非却反其道而行，在此时大谈危机和失败，及时浇熄了华为团队还处于萌芽期的自满感。

实际上，任正非并不是盲目地忧虑，而是看清了事实。2000年，美国互联网和欧洲3G建设相继发生泡沫危机，他深知，网络股的暴跌必会对两三年后的建设预期造成影响，眼前互联网和电信行业的繁荣，不过只是两三年前网络股大涨的惯性结果。所以，现在并非是华为该兴奋的时刻，而是应做好迎战的准备。

2004年，华为的全球实际销售额达到了38.27亿美元，创造了公司成立以来的最高纪录。在这个激动人心的时刻，所有的华为人都兴奋不已，唯有任正非忧心忡忡，他在担心什么呢?原来，随着科技的不断发展，信息产业的技术也变得愈发简单，用不了多久，华为因技术领先产生的市场优势便会荡然无存。

2008年，华为成功登上世界通信设备商五强的宝座，面对这样的成就，换作别人可能早就开香槟庆祝了，但任正非却依然在“泼凉水”。为什么?因为头脑清醒的他，早已看清了当前的局势：行业内掀起了一股大规模的兼并、整合之风，强强联合已成为趋势，如爱立信兼并了马可尼；阿尔卡特与朗讯合并；诺基亚与西门子成立合资公司等，这些都使得华为与竞争对手间的差距开始拉大。

……

正是任正非不厌其烦的提醒，才令华为人始终保持清醒，将企业越做越好。

看到这，你是否有点崇拜任正非了呢?其实大可不必如此，只要你能抵挡成功的诱惑，让自己时刻有一颗清醒的头脑，那么，你也可以像他一样睿智。只不过，要想做到这一点却绝非易事，毕竟我们都是有着七情六欲的人，而不是那些六根清净的神，对此，我们唯一能做的，就是在成功之时，不断地提醒自己。

对团队而言，任何的繁荣都不过是昙花一现，唯有在成功面前保持清醒，才能永久地绽放，否则必将走向灭亡。对此，派克公司的没落便是最好的证明。

当年，作为世界上最大的高档金笔生产企业，派克公司可谓是威风八面，而在这繁荣景象的背后，却早已危机四伏。当时，派克的许多竞争对手都针对美国市场的悄然改变，纷纷调整自己的生产策略，转产书法笔与价值昂贵的高档笔，同时利用生产厂家在美国的市场代理商推销其产品，发展势头咄咄逼人。在这股汹涌浪潮的冲击下，派克公司在美国的市场相继被攻占，销售额开始大幅度下降。

面对危机，自信的派克公司不屑一顾，还在墨水瓶里描绘着辽阔的蓝天，因为当时派克金笔在国外仍享有较高的声誉，而金笔每年的外销量占总销量的70%。这种繁荣景象，冲昏了派克公司决策者的头脑，让他们对市场的岌岌可危无动于衷，甚至是麻木不仁，对人们衣兜里别着、签字亮出的其他笔视而不见。

不久，派克的财务管理开始松懈，逐渐出现投资目标不明、日常花销巨大等现象，仅公司的总部大楼，每年的花销就高达1.8亿美元。随着美元的升值，派克的王牌产品顿时倒地，出口量开始严重下降，公司的利润也随之锐减，那些被掩饰的弊端也暴露无遗……无奈之下，它只能用举债度日代替过去的辉煌业绩。

最后，负债累累的派克，被英国一家公司以1亿美元的价格收入囊中。

无论是对团队成员，还是对管理者来说，派克公司的没落都是一记警钟，若不想重蹈它的覆辙，管理者就必须时刻保持清醒，绝不能被暂时的成功冲昏了头脑。对此，华为团队便是个好榜样，它从不因成功而沾沾自喜，更不满足于一时的成就，它始终保持着一份危机意识，以让自己清醒，同时更卖力地充实、提升自己。

对华为人来说，一时的成就压根不算什么，因为他们想要的不仅仅是现在，而是永远地、不断地成功。一个人如果取得小小的成绩就扬扬得意，安于现状，那么必然会被时代抛弃；同理，团队也是一样，当下是一个急速发展的社会，管理者不能满足于现状，只看到眼前，应当逆流而上，站在最高点来思考问题。

无数的事实都在证明：在这个竞争激烈的社会，一时的成功并不代表永远都成功，如果管理者不能时刻保持头脑清醒，那么，很快就会被其他的团队超越，甚至是代替，最终被时代淘汰。所以，唯有时刻保持一份清醒，不被一时的成功迷惑了双眼，才能保证团队的持续发展，才能在激烈的市场竞争中生存下去！

管理红绿灯

很多时候，人之所以无法保持头脑清醒，常常是因为自控能力实在太差，所以，管理者若想让员工不被胜利冲昏了头，就要先让他们学会自我控制。可怎样才能做到这一点呢？对此，严格的规章制度是必不可少的；同时，也要在日常的工作中培养员工良好的习惯；另外，还得尽量减少外界对他们的诱惑；等等。

华为成长法则：末位淘汰制

> 末位淘汰是从西点军校学来的，它的目的是用来挤压队伍，激活组织，鼓励先进，鞭策后进，形成选拔领袖的一种方式。

“优胜劣汰、物竞天择”是自然规律，同时亦是团队的生存法则。对团队而言，制度的设定是为了激励并留住人才，但从另一个角度来看，它也是为了淘汰掉那些没用的庸才。其实，无论是出于何种目的，对团队都是有百利而无一害，正因为如此，华为才坚持实行末位淘汰制，并将其作为团队管理的固定模式。

任正非认为，人才是团队的中流砥柱，所谓“人在阵地就在”，而守得住阵地的，必须是那些各方面都十分优秀的人。只有鞭策所有人不断努力向前，以及不断淘汰落后者，才能让更优秀的人才加入华为。因此，为了加快华为的发展，他制定了一套完善的末位淘汰制，每年大约按照5%的比例来淘汰落后者。

现如今，华为的末位淘汰制已成为一种常态，该制度不分新、老员工及干部，如果干部长期绩效不好，照样得降薪、下岗。2013 年年初，华为渠道企业网体系的一位主管发现，自己部门的个别老员工长期不在状态，而且，他们在绩效考核中的成绩也排在后面，该主管依据制度，果断辞退了这些老员工中的一部分人，还将剩余的几人记名挂号，留岗查看，一旦季度考核不达标，同样走人。

此事一出，不但吓坏了那个部门的员工，而且给整个华为都造成了极大的震动，所有的华为人都感受到了一股无形的压力，他们纷纷开始加班加点地努力学习和工作，半年后，华为的效率得到了明显的提高。不仅如此，各华为高管也表示，自实施末位淘汰制以来，组织内部皆发生了前所未有的变化，在老员工行动更积极的同时，新员工的日常学习意识、危机意识也都变得比以前更强了。

此外，末位淘汰制度的推行，也迫使华为的各个部门考虑起效率问题来，许多业务部门从系统、组织等角度出发，开始考虑业务重叠造成的资源浪费，并进行了重新整合。以华为的营销计划体系、策划体系进行的整合为例，仅 1 年就减少了 12 人，但完成的任务却更多了，并且，许多原来没人肯做的工作，如市场空间分析、客户服务细节等工作，也都开展了起来。就这样，华为迅速崛起！

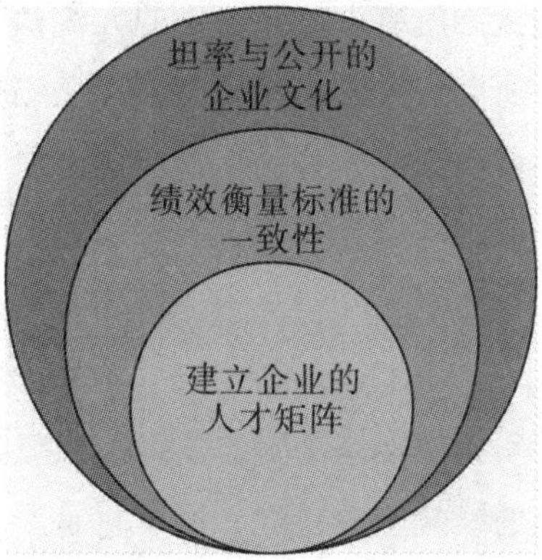

图 8－3　彻底执行末位淘汰制的条件

实际上，不仅仅只有华为在推行末位淘汰制，在竞争日益激烈的当下，几乎全世界都在使用末位淘汰制，只不过，相对于其他团队来说，华为的末位淘汰制做得更加彻底、更加残酷，甚至还一度引发过外界的非议。即便如此，华为也没停止过实施淘汰制度，亦不曾因此而降低过自己的标准。

看到这里，也许你更关心的是，

如何才能像华为那般彻底执行末位淘汰制？

坦率与公开的企业文化，是末位淘汰的基石

最早提出末位淘汰制的，是被称为“世界上最伟大的 CEO”的杰克·韦尔奇，他对该制度有一段精彩的阐述：“我们的末位淘汰制之所以能够发生作用，是因为我们花了 10 年时间在 GE 公司建立起一种绩效文化。在这种文化里，人们可以在任何层次上进行坦率沟通与回馈，而坦率和公开是这种文化的基石，我不会在一个并不具备这种文化基础的企业组织里，强行使用这种活力曲线。”

其实，每一个团队的发展壮大，都需要强大的竞争力做后盾，而末位淘汰就是培养员工的危机意识，为团队制造一种坦率、公开的绩效制度文化。它能让员工在每个工作日，甚至每个工作的时刻，都变成一种竞争与较量的过程，为团队创造更多优秀的人才。唯有在这种文化基层上，末位淘汰制才可得以顺利实施。

绩效衡量标准的一致性，是末位淘汰的关键

任何一家企业的内部，各部门的工作性质都各有不同，这也决定了各部门员工的优势不尽相同，如果简单地用统一的标准去衡量所有人，那么，末位淘汰制就有可能将优秀的人淘汰出去，而留下的人也许并不一定是最称职的。所以，末位淘汰的关键在于绩效衡量标准的一致性，即要根据员工所承担的职责与任务，提出相应的考核标准，该标准不仅要个性化，还得跟每个人的职责与角色一致。

建立企业的人才矩阵，是末位淘汰的重点

所谓末位淘汰制，是指组织依据绩效考核结果，将排名靠后的成员进行淘汰的绩效管理制度。虽然它是一种负激励的方式，但在现代企业中却具有积极的作用，它不仅能激活组织，提高队伍及个人的战斗力，还可以剔除团队中的“害群之马”，加快团队的成长和发展。对此，任正非不止一次地强调，华为要坚持末位淘汰制度，建立良性新陈代谢机制，坚持引进一批批更优秀的员工。

末位淘汰制的目的并不在于“淘汰”，而是借此树立成员的危机意识，从而激发他们的工作潜能。所以，团队在确定末位淘汰的对象时，不能只评价成员目前工作业绩的好坏，还要通过对他们的能力进行全面考察，进一步确认每个成员未来的潜力如何。作为管理者，应根据成员的业绩表现与未来的发展能力，逐步建立起有益于团队发展的人才矩阵，从而形成有效的企业绩效管理体系。

管理红绿灯

不可否认，末位淘汰制是培养危机感的利器，但如果没人遵守，一切就都变成了空谈，若员工迫于高压而被动遵守，制度便成了限制员工自由的枷锁。可见，要想让末位淘汰制达到效果，管理者就得在制定时，先获得团体绝大多数人的认可，唯有这样，才能增强他们的危机感，激发出他们内心深处的力量和价值。

第九章

文化：资源会枯竭，唯文化生生不息

世界上一切资源都可能会枯竭，只有一种资源可以生生不息，那就是文化！

能传下去的，才算得上是文化

“

不管在哪个时代，可以一代一代传下去的，才能算得上是文化！

”

在很多人眼里，文化这玩意都是虚无缥缈的，对于企业团队而言，它更是看不见也摸不着，以致不少管理者对它不太上心。殊不知，它的作用一点都不比规章制度差，只要管理者能让文化在团队扎根，那么，员工就会自动自发地约束自己、管理自己，大家朝着一个共同的目标努力，从而一起将团队业绩推向一个新的高度。

在华为，任正非对企业文化的宣传，简直可以用“无孔不入”来形容。无论是召开的各种会议，还是日常的绩效考核，他每每都会提及华为的企业文化，甚至华为的很多宣讲，皆是以企业文化为主题来展开的，而他于1996年起草的《华为基本法》，目的也是为了让每个员工理解、接受，并认同华为的企业文化。此外，华为还会不定期地举办一些文化活动，以加强员工对企业文化的认识。

不仅如此，任正非还建了一所华为大学，专门用来培训新员工或让老员工进修。只要一走进这所学校，便满眼皆是关于企业文化的标语和警示，如“小胜靠智，大胜靠德”“胜则举杯相庆，败则拼死相救”等，并且，相关的课外活动和实践活动也非常多。而在培训期间，培训师还会要求员工写一些企业文化心得。

最令人意想不到的是，任正非竟将企业文化当成了选拔干部的标准。对此，他说道：“高层次的文化感染中，是否每个华为高层员工都把文化传到基层去了呢？这就是我们各级干部的责任，各级干部自己没有理解，怎么可能去传播这个东西。没有华为文化，不能融入华为文化，是不能做干部的，是要下去的！”

从华为的方方面面，都不难看出任正非对企业文化的重视程度，也正因为如此，华为的企业文化已渗透到了华为人的骨子里，而他们在这种文化的激励下，都将自己拧在了华为这股绳上，一个个铆足了劲往前冲，把华为推向了发展的巅峰。

不得不说，任正非对企业文化的重视程度，几乎到了让人震惊的地步，然而事实证明，他的这一做法有多么明智，因为正是华为的企业文化，牵引着华为团队成员懂得了自律、明白了自立，并学会了自强！任正非认为，只有融入企业文化，才能算是真正的企业人，对此，他还提出：“要先做华为人，再做自己！”

不可否认，企业文化的确很重要，但任正非更看重的，却是如何去宣传它，如何让员工们接受它，如何将它更好地传下去。这是为什么呢？因为他深知，可以传下去的才算得上是文化，否则，就只能做团队发展历史里的过客。要知道，文化是需要传承的，若企业文化不能在新、老员工之间顺利地完成过渡，哪怕管理者宣传的力度再大、花样再多，最终还是会消失在时间的长河之中。

那么，怎样才能让企业文化传承下去呢？华为人觉得要做到下面这三点。

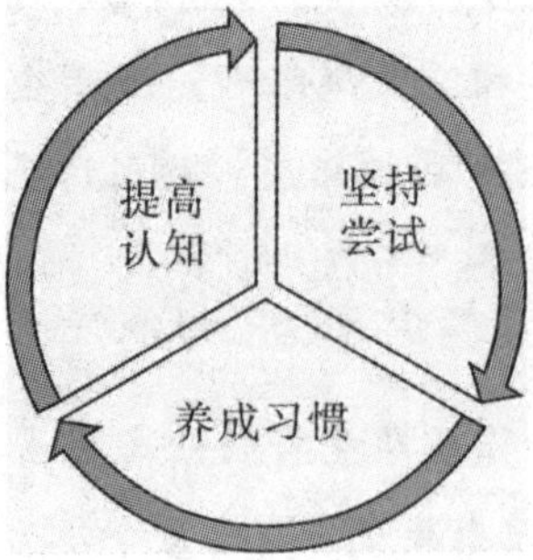

图9－1　传承企业文化的手段

提高认知

一直以来，华为都不遗余力地宣传企业文化，无论是会议、宣讲、绩效考核，还是社会实践、企业活动等，皆能看见华为企业文化的影子，嗅到企业文化的味道。不仅如此，华为在新员工入职前，便会对他们进行一次“文化洗脑”，向他们注入正确的企业文化价值理念，而为了提高他们对企业文化的认知，华为甚至连用来记录工作的笔记本都不放过，愣是在上面标注了华为的六大核心价值观。

要想让企业文化传承下去，团队领导者首先要做的，就是让成员“认识”它，而且不仅仅只是“认识”，还必须让他们熟悉并了解企业的文化，唯有让成员对企业的文化理念和管理模式产生认知，团队成员才能更好地去贯彻执行。对此，最简单有效的方法，就是像华为那样全面撒网，无时无刻不在宣传自己的企业文化。

坚持尝试

对于企业文化的贯彻实施，任正非深知，年轻人的自我意识非常强，若不能在他们入职前严格训练，恐怕进入华为后就很难再改变了。所以，华为对新员工的培训异常严厉，不但全程都实行军事化管理，而且还设置了各种淘汰制，虽然有些新员工会因受不了而选择离开，但留下来的却将企业文化和制度烙在了心里。

当员工接受并认同了企业的文化理念后，团队管理者接下来要做的就是开始实施，在这一过程中，团队管理者要不断、反复地尝试，哪怕有些成员会因此而痛苦不堪，团队管理者也必须坚持到底。对于任何企业团队来说，企业文化都不可能得到成员百分之百的认可，所以，在团队施行文化和制度时，难免会有一部分员工觉得痛苦，若他们能熬过这一关，那自然最好，如果实在是熬不住，团队管理者就要及时进行处理。

养成习惯

在任正非的不断努力之下，华为人早已适应了华为的企业文化，他们不但在工作中表现出了这一点，更将其渗透到了自己的日常生活中。例如，每年的年会上都有表演节目这一环节，对此，很多歌唱类、表演类的节目，员工们都会以企业文化为主题来进行；而有些员工的演出，则会从侧面或反面去突出企业的文化内涵。

经过痛苦而又焦虑的尝试后，员工们渐渐地开始适应企业的文化理念，每每这时，团队便会放松自己的警惕，并认为已经万事大吉了。殊不知，要想企业文化得到更好的传承，仅仅只靠适应是远远不够的，团队还要让成员将其当成一种习惯，从而形成固定的行为模式，唯有如此，才能让员工产生强烈的归属感和责任感。

管理红绿灯

对于团队来说，文化可不是一朝一夕能形成的，它是企业长期贯彻执行的结果，所以，团队一定要做好长期作战的准备，无论中途发生什么状况，都不能轻易地选择放弃。当然，这并不表示就算发现了错误，也不能改正，该修改的还是得修改，该优化的也得进行优化，只要能让团队更好地发展，咱该咋办就咋办！

以客户为中心，以奋斗者为本

> 以客户为中心，以奋斗者为本，长期艰苦奋斗！

众所周知，华为有很多关于企业文化的标语，却鲜少有人知道，它的核心价值观只有一个，那就是：以客户为中心，以奋斗者为本！在任正非看来，客户是华为的衣食父母，而奋斗者是华为前进的动力，两者缺一不可。唯有牢牢地抓住这两者，才能在稳定团队发展的同时，也给企业注入源源不断的竞争力！

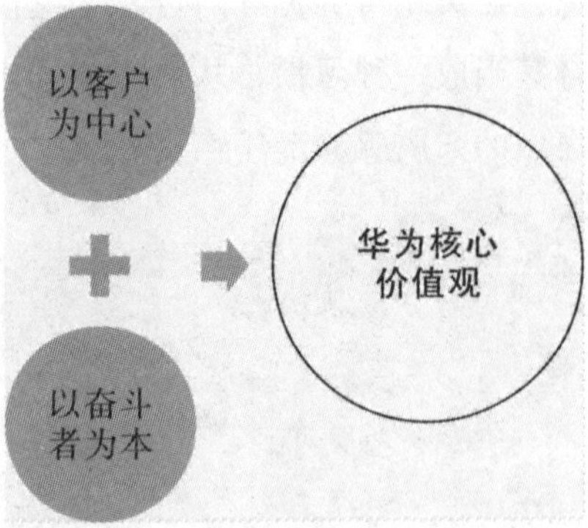

图 9-2　华为的核心价值观

以客户为中心

2006 年，任正非在一篇文章中，讲述了华为倡导“以客户为中心”的心路历程：

“还记得，经历了20世纪90年代初艰难的日子，在资金、技术各方面都匮乏的条件下，咬牙把鸡蛋放在一个篮子里，紧紧依靠集体奋斗、群策群力、日夜攻关，利用压强原则重点突破，我们终于拿出了自己研制的第一台通信设备——数字程控交换机。1994年，我们第一次参加北京国际通信展，在华为展台上，‘从来就没有救世主，也不靠神仙皇帝，要创造新的生活，全靠我们自己’这句话非常与众不同。但对华为员工来讲，这正是当时的真实写照。

“设备刚出来，我们很兴奋，又很犯愁，因为业界知道华为的人很少，了解华为的人更少。当时有一个情形，一直深深地印在老华为人的脑海：在北京寒冬的夜晚，我们的销售人员等候了8个小时，终于等到了客户，但仅仅说了半句话：‘我是华为的……’就眼睁睁地看着客户被某个著名公司接走了。望着客户远去的背影，我们的小伙子只能在深夜的寒风中默默地咀嚼着屡战屡败的沮丧和屡败屡战的苦涩：是啊，怎么能怪客户呢？华为本来就没有几个人知晓啊。

“由于华为人废寝忘食地工作，始终如一虔诚地对待客户，华为的市场开始有起色了，友商看不到华为这种坚持不懈的艰苦和辛劳，产生了一些误会和曲解，不能理解华为怎么会有这样的进步。还是当时一位比较了解实情的官员出来说了句公道话：‘华为的市场人员1年内跑了500个县，而这段时间你们在做什么呢？’当时定格在人们脑海里的华为销售和服务人员的形象是：背着我们的机器，扛着投影仪和行囊，在偏僻的路途上不断地跋涉……”

一直以来，华为团队都秉承着“以客户的价值观为导向，以客户的满意度为标准”的宗旨开拓市场，它从农村辗转到城市，再从城市覆盖全国，最后从全国面向海外，这一路走来任正非既开心又担心，他开心的是客户终于看见了华为的至诚之心，而担心的是华为能否保持得住这颗诚心。任正非认为，客户不仅仅只是华为的购买力，更是企业生存下来的唯一理由，所以，他坚持以客户为中心。

作为管理者，必须时刻牢记这些：是客户购买了我们的产品，也是客户给了我们创造利润的机会，还是客户帮我们养活了老婆孩子。若能做到这一点，无论前面的路有多难走，团队都能迈向成功的彼岸。对此，管理者还要像任正非倡导的那样：在企业树立客户第一的经营理念，并将其演化成团队中每个成员实实在在的服务行为。唯有这样，才能跟客户建立更亲密的关系，帮助团队更好地发展。

以奋斗者为本

实际上，“以奋斗者为本”的企业不止华为一个，著名的微软亦是如此。

微软曾经发生过一件趣事，它被员工津津乐道的同时，也激励着他们不断奋斗。

有一名业务员在销售团队待了好多年，随着微软的快速发展，他开始骄傲自满了起来。这个星期，该业务员拜访了10位客户，并且成功拿下了其中的一半，他觉得自己能力超强，同时，也认为自己没有拿到该有的报酬。于是，他来到盖茨的办公室，要求加薪或给他点奖励。但盖茨却说：“你只成交了一半的客户，另一半很可能跑到了竞争对手那里。这样的成绩，你还好意思跟我要奖励?”

面对盖茨的质问，这名业务员很不服气，于是接下来的一个星期，他绞尽脑汁，想尽办法终于把剩下的那5个客户也搞定了！这时，他又来到盖茨的办公室邀功。只听见盖茨说：“别总想着来我这要奖励，你有这时间，不如给公司再多成交些订单。你的客户难道就只有10位吗？第11位、12位都在哪里?”

再次吃了闭门羹的业务员还不服气，心想：不就是多找些客户吗？看我下个月的业绩，保证能吓你一大跳！1个月稍纵即逝，这名业务员第3次来到盖茨的办公室，谁承想，他非但没有得到奖励，盖茨还让他卷铺盖走人。这是个什么情况？原来，该业务员这个月虽拿下了15位客户，可其他人却都成交了15单以上！

在创建团队之初，成员大多都具有艰苦奋斗的精神，不但认真负责地完成本职工作，甚至就连那些不属于自己的活，他们也会毫无怨言地去干。可当团队发展到一定的程度后，这些曾经的“劳动模范”就变了，渐渐在鲜花和掌声中迷失了自己，别说让他们去干什么额外的活了，他们连自己的本职工作都完不成。

显然，没人希望看见这种现象，要想达成这个心愿，管理者要做的可远不止培养这么简单，还必须像华为这样在团队中树立起奋斗者的文化，让成员们都自动自发地去拼搏、去奋斗。对此，任正非表示："少壮不努力，老大徒伤悲。我想各位考上大学，都脱了一层皮吧……所有一切，没有付出，是绝不会有收获的！"

管理红绿灯

也许，在有些人看来，奋斗和客户之间没什么联系，殊不知，两者其实是相辅相成的关系，员工之所以要艰苦奋斗，是为了企业能获得更好的发展，而企业团队的发展又需要客户来推动，换言之，即客户就是奋斗的目标。对此，任正非说："我们奋斗的目的，主观上是为自己，客观上是为国家、为人民。但主观和客观的统一却是通过为客户服务来实现的。没有为客户服务，主观和客观都是空的！"

企业要扩张，就得训练一批“狼”

“

企业要扩张，就要将华为人训练成一批‘狼’！

”

众所周知，狼是一种凶狠的动物，它们聪明又机警、敏锐而坚韧、团结并迅速，但凡是被它们盯上的猎物，几乎毫无生还的可能。世人皆惧怕狼的攻击性，不敢轻易地靠近，更没想过要模仿，但任正非却极力想把华为变成“狼窝”，在他看来，华为要想快速地做大、做强，就必须得训练一批具有狼性精神的员工。

为了实现向国外扩张的战略目标，华为曾派遣一批员工去俄罗斯开拓市场。来到这个完全陌生的国度，狼性十足的华为人一点也不胆怯，他们对未知的旅途充满了信心，一个个都干劲十足，他们坚信：只要跑遍俄罗斯的每一个角落，就一定能有所收获。然而，事实却是残酷的，他们花了整整半年的时间，才好不容易签下了一个订单，并且，这笔订单的利润非常小，几乎是“赔本赚吆喝”！

怎么会这样？原来，当时恰逢欧洲爆发了大面积的经济危机，很多国外的小企业皆因扛不住而宣布破产，即便是那些资金雄厚、见过大世面的企业，也都面临着随时倒闭的危险。在这样的大环境之下，即便是一群真的“狼”，想必都会没了主意，但华为这群“假狼”却毫不畏惧，哪怕没有丝毫的收获，他们也依然意志坚定地留在俄罗斯招兵买马，组建完善的营销团队，培养属于自己的客户群。

随着经济危机的缓解，华为终于找到了契机——当地一家大运营商有合作意向，却因不相信华为的实力而迟迟没做决定。有了“猎物”，华为的这群“狼”干起活来更起劲了，他们连续熬夜，制订出了一份详尽且符合国际标准的项目计划书，该计划书充分显示了华为的实力，对此，客户虽还有疑虑，却答应让他们一试。

面对这个得来不易的机会，华为人再次展现了自己的狼性，他们用短短1个多月的时间，便完成了项目的基设，这时，客户已彻底被华为人的狼性征服，决定跟他们建立更亲密的合作关系：不但将自己的业务都交给了他们，更表明会帮华为开拓整个俄罗斯的市场！就这样，华为的“狼”终于在俄罗斯迎来了大丰收。

不难看出，华为人的确是一群训练有素的“狼”：他们寻找“猎物”时，即使有再大的困难也不轻言放弃，并时刻保持警惕，不放过任何能取得胜利的机会；而发现“猎物”后，他们则把握好准确的时机，团结一致发起攻击，直到彻底征服对方为止。可见，华为的狼文化不仅值得我们学习，更值得所有团队借鉴、揣摩和领悟。

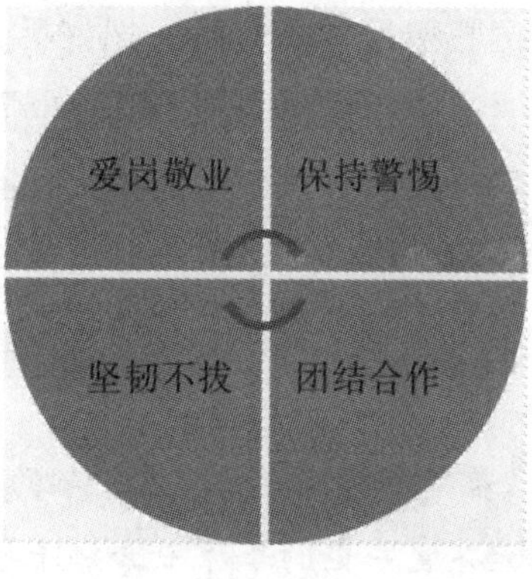

图9－3　华为狼文化的特点

看到这，你是否也想训练一批能帮助企业发展的“狼”呢？若你的答案是肯定的，那么，首先就得弄清楚什么才是狼性。对此，不妨来看看华为人的诠释！

爱岗敬业

“首先是一种敬业精神，是对事业的执着追求。狼性也好，敬业精神也好，最起码外在表现要有‘精、气、神’……实际上，每一个走入市场的销售人员，都必须对自己的人生观进行一番改变，要抱定做一个营销专家的目标，否则，心理上难以长期承受。”

在华为人看来，狼是非常敬业的，它们一旦发现了猎物，无论多辛苦，也不管多困难，都不会轻易地选择放弃，直到把猎物吃进自己的肚子里为止！而对团队来说，爱岗敬业是成员必须具备的首要条件，就算不能发自内心地去热爱工作，起码也要表现得积极投入，整天混吃等死过日子，哪个团队都不会要！

保持警惕

“再者，狼是聪明的，它懂得调动自己的所有感官来找到猎物。刚到市场部的员工往往工作积极性很高，有冲劲。但是，冲劲还不等于狼性。信息收集及整理能力是一个销售人员最基本也是最重要的素质，这需要不断地历练，对周围的风吹草动要时刻保持警惕。”

世人皆知狐狸的狡猾，却鲜有人知道狼的聪明，它们虽然不够圆滑世故，但在寻找猎物方面却是一把好手，只要有点风吹草动，它们便能把握时机，围困自己的猎物。同理，团队也需要这种聪明的成员，能耳听六路、眼观八方，第一时间就洞察先机，从而迅速地拿下客户和订单，帮助团队获得更丰厚的利润。

坚韧不拔

“狼是坚韧的动物。在干旱的草原中，狼群在苦苦找寻猎物和水源。即便那曾经不可一世的草原王者狮子也失去了往日的风采，狼却依然坚强地生存着，这是一种伟大的精神。狼群在不断地走动中发现机会。同理，我们的销售人员也要放下包袱，开动机器，从不断与客户的交流中发现机会，等客户上门从来都不是华为人的风格。”

世人皆知，企业竞争就像一场没有硝烟的战斗，然而，它的本质却是遵循自然界的优胜劣汰、弱肉强食，在这一法则下，团队要么吞噬竞争对手，逐渐变得更大、更强，要么被竞争对手吞噬，一步一步地走向灭亡。对此，谁能咬紧牙关坚持住，谁就可以获得胜利；谁能够扛到最后一刻，谁就可以迎接新的明天！

团结合作

“团结合作是狼制胜的法宝。狼在体形上无法和大型食肉动物相比，力量和速度都不占优势，它的生存法宝就是团队作战。项目组运作曾经是我们最好的销售团队运作模式，项目分析会使我们集思广益、点亮智慧。如果哪天华为的销售人员都变成了散兵游勇，那会死得很快。”

众所周知，狼是一种群居的动物，它们每次出动都是团队作战，无论多么庞大的猎物，都能被它们一举拿下，那简直堪称是完美团队的典范！而对于企业来说，宁愿舍弃上百个人才，也不愿失去一个完美的团队，为什么呢？因为相比较个人，完美的团队不仅能有效地提高效率，更能抵御竞争对手的千军万马！

管理红绿灯

也许，相对于了解狼文化的优势和特点，团队管理者更想知道如何才能加强团队的狼性。别心急，对此，华为的轮值 CEO 徐直军已给出了答案：“增强狼性，首先是要提高市场意识，把客户的需求看清楚，把机会看清楚；其次是一旦发现机会，就要持续努力，永不言弃，不达目标永不罢休。”只要能做到这两点，即便训练不出一批真正的“狼”，也能拥有一群具备狼性的成员，来帮团队打天下。

静水潜流，要慢慢地去发展

“

有人说华为运行得很平静，没什么新闻，是不是没戏了？我们说这叫‘静水潜流’！表面很平静的水流，下面的水可能很深、很急，那些浅水在石头上流过时才会泛起浪花。

”

现代社会，我们吃的是快餐，喝的是速溶咖啡，玩的是极速运动，用的是快速手机，坐的是高速列车，以致管理者们皆说：“要想跟上时代的脚步，团队就必须快速地发展。”对于这一点，任正非却持反对的意见，在他看来，过快、过猛的发展都不利于团队，唯有“静水潜流”慢慢来，团队才能走得更稳更远。

当年，华为为了开发市场，并没有急着向城市下手，而是采用了毛主席“农村包围城市”的策略，由农村慢慢地向城市发展，待自己在城市彻底站稳了脚跟后，才把目光转向整个国内市场。紧接着，它依然保持一贯的“龟速”，又艰苦奋斗了数年，才一点点地吃掉了大部分国内市场的份额，成了通信行业的领头羊。这时，为了能获得长期、稳定的发展，华为开始着手进军海外市场。

对于自己并不熟悉的海外市场，华为没有像其他企业那样处处撒网、齐头并进，而是以俄罗斯作为跳板，一步步地攻占非洲和欧美各个国家，每到一个地方力求将这个地区或这座城市都彻彻底底地占领。虽然华为的每一步都走得很缓慢，但它却稳扎稳打地朝着目标递进，即便没有达到跳跃式的发展，脚步也依然稳健、有力.

直到2013年，华为终于迎来了自己的“春天”。据统计，当年华为全年的收益为2400亿元左右，合计396亿美元，比当时横扫千军的爱立信集团高出了整整43亿美元。不仅如此，华为的主营业务利润也达到了290亿元人民币左右，比2012年同期增长了43%～47%。这种种数据都在显示，经过20多年坚韧不拔的努力，以“龟速”慢慢前进的华为，一点一点地超越了对手，终于成为通信业的老大。

华为的收益从2009年的1466亿元、2010年的1825亿元到2011年的2039亿元，再到2012年的2202亿元，每一次数字的变换，都是它进步的见证，正是这种每年进步一点点的匀速前进，让它不但缩小了跟对手爱立信的差距，而且，还坚定了华为人的“乌龟精神”，使他们学会什么是坚持、什么叫韧性！

也许，大家都觉得华为是一夜成名、突然崛起，殊不知，在这功成名就的背后，隐藏着华为团队数十载的辛勤耕耘！从华为创立至今，任正非从没期望过团队能在短时间内做到行业第一，在他看来，若不能一小步一小步地厚积薄发，即便是坐上了“龙头老大”的位置，也不过是暂时过把瘾，既不会坐太久，也坐不稳！

生活中，不少人都喜欢这样来定目标：今天要拿下多少订单、要完成多少个项目、要卖出去多少产品、要获得多少的纯利润……他们恨不得一夜之间就能成为销售冠军、成为企业达人！所谓“欲速则不达”，很多事情并不仅仅只是单纯地看速度，还要看质量、看成效，企业团队的发展亦是如此，若质量达不到标准，员工速度再快也得重做，如果这方法的效果不好，完成的速度再快也要放弃。

可见，速度并不是团队发展的必要条件，坚定和专注才是其中的关键因素！

2014年6月，各大财经报纸上都出现了一则华为的广告，在这个简单而又简短的广告上，有一张人物图片，它不是华为的老总任正非，也不是华为的俊男和美女，而是一个蓄着胡子、穿着黑衣黑鞋的中年男子。这个被华为刊登在报纸上的人是谁呢？他就是同年在网络上红极一时的“扫地僧”——李小文院士！

实际上，李小文跟华为是八竿子打不着的关系，但他在科研上那种不急不躁和锲而不舍的精神，却正是华为人一直苦苦追寻的目标，这才有了上面那一幕。

李小文虽然十分渴望成功，但他在通往目标的路上，却像“扫地僧”一样缓慢前行，力求将知识的每一个点和每一个面都吃懂、吃透，他那淡泊名利的态度堪比古代的陶渊明。不仅如此，他对科学真理的追求既专注又执着，早在美国留学时，他就敢挑战遥感界的权威，并因此获得了当时的“最具贡献者”称号。

显然，李小文的研究精神跟华为的管理理念不谋而合，这亦是任正非号召华为人向他学习的原因所在。在华为，那些经验丰富、资历深厚的老员工在工作时，但凡遇到困难或难题，若不能立即想到办法、找到对策，那么他们会在多次尝试无果后选择放弃，他们并非真的就置之不理，而是先把问题放在一边，待有了新的思路再解决。对他们而言，速度一点都不重要，重要的是效率和结果。

管理企业和团队其实也是一样，唯有先慢慢地厘清思绪，才能做出正确的决策、找到正确的方向。成功从没有一蹴而就的先例，无论是普通的员工，还是团队的管理者，都必须看清一点：业绩需要一点一点提升，客户需要一单一单积累，市场需要一个一个占领，唯有如此，才能保证团队的可持续性发展。

实际上，过急、过快的发展，对团队压根就不是什么好事，且不说在急速发展下的员工需要面对多大的压力和挑战，仅仅资源跟不上发展脚步这一项，就足以让企业团队走向灭亡了。显然，任正非早已意识到了这一点，所以他才会放慢华为的发展脚步，并这样告诉所有的华为人："在管理上，我不是一个激进主义者，而是一个改良主义者，主张不断地管理进步，一小步地改进，一小步地进步！"

你若想自己的团队成为第二个华为团队，就请放慢脚步，一步一个脚印地踏实前行！

管理红绿灯

乌龟虽然爬得慢，但是它既不会三心二意，也不会半途而废；同样的，管理者若想让团队获得稳定的发展，不仅要放慢自己的脚步，更重要的是必须坚持和专注，如果在缓慢前行的过程中，弄丢了这两样"法宝"，那么，团队就会既走得慢又没有竞争力！要知道，慢并不是目的，而是为了达到目的的一种手段！

人可以不完美，但团队必须完美

“

没有责任心，不善于合作，不能群体奋斗的人，等于丧失了在华为进步的机会。

”

在华为，员工之间虽有竞争，但更多的却是团结合作。为了给华为多培养几支优秀的团队，任正非可谓是煞费苦心，不仅在企业内部大力宣传团队文化，而且，他还给予团队充分的权利和自由，让成员们尽情发挥自己的才能，他甚至会对破坏团结的员工予以惩罚。在他看来，员工若没团结协作的精神，拥有再多的人也无济于事；相反，这样的人越多就越不利于企业发展，没准还会害了华为。

可以说，对于任何一家企业而言，要想在这个群雄逐鹿、硝烟四起的激烈竞争环境中生存，就必须组建几支强大的团队，以增加自身的竞争力和战斗力。华为之所以能够屡战屡胜，正是因为华为团队具有超强的团队合作力，无论何时何地，也不管前方是什么样的难题，华为人总能迅速成立一个大小相宜的合作团体。不仅如此，他们每每都能依靠团队成员默契的分工合作，赢得“战役”的最后胜利。

提及华为的团队合作精神，就不得不说说它接待客户的“一五一工程”了！所谓“一五一工程”，其实就是在接待客户时，坚持按照一支队伍、五种手段、一个资料库的流程来实施，而五种手段分别是参观公司、参观样板店、现场会、技术交流、管理和经营研究。在华为，任何工作都不是一个人或一个部门的事，为了给客户提供最好的服务，它每接待一次客户，几乎会动用所有部门的人。

这天，一位市局领导要来华为参观，负责接待的主管做出了如下安排：

地点——宁波。

小张：办事处秘书，负责帮助销售人员填写客户接待的电子流；

李姐：办事处会计，负责帮助申请出差备用金。

地点——深圳。

小王：客户工程部接待人员，负责打电话核实和修改电子流中的行程安排；

赵师傅：司机接待人员，负责机场接机，安排住宿；

小马：系统部职员，负责打电话和与销售人员确认高层接待事宜；

钱总：公司总监，负责设宴接风；

小曼：公司总台，负责打出电子屏幕“欢迎某局领导莅临参观”；

孙总：公司总监，负责统一介绍华为的产品战略。

其他地点——产品展示厅。

展厅小周：负责讲解软件产品；

展厅小吴：负责讲解终端产品；

展厅小郑：负责讲解网络链接产品。

华为的团队合作力，让这位市局领导惊诧不已，他当即就签订了合同！

其实，华为的团队精神远不止表现在客户接待这一个点上，而是渗透到了企业的方方面面，并深深扎根进了员工的内心。回望历史，我们不难发现，那些成功企业的背后，往往不是站着一个团队，就是排着好几个团队，如果没有他们的支持和帮助，别说成功了，可能连企业卖的是啥都没人知道。正因为如此，华为才会如此重视团队合作。唯有完美的团队，才能更好地完成任务，才能实现价值的最大化。

那么，怎样才能组建一支完美的团队呢？华为人觉得必须做到以下几点：

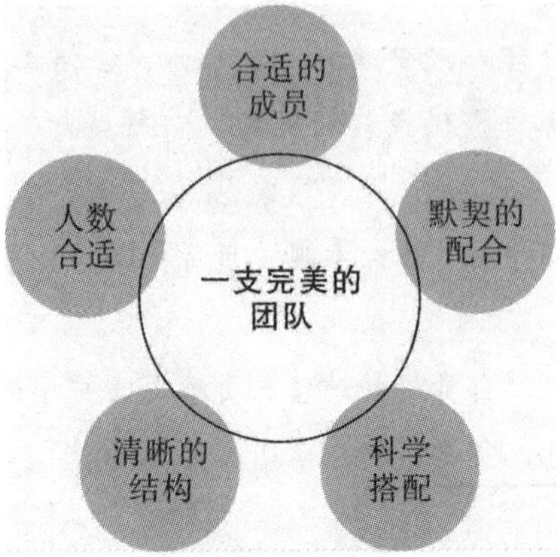

图9-4　组建完美团队的必要因素

优不优秀不重要，关键是合不合适

对华为的管理者来说，团队成员优不优秀并不是最重要的，只要他的能力符合团队的发展要求就行，即不会以自我为中心，懂得相互配合和互相协调，能在工作中充分发挥自己的优势。对此，管理者要做的，便是根据岗位需求来选择合适的团队成员，而不是单纯地只看学历、背景和能力，以使团队更具战斗力和竞争力。

不贪规模，人手够用就好

很多管理者认为，团队的规模越大便越有利于发展，殊不知，人多往往意味着问题也多，且不说容易引发内部矛盾这些，仅仅分配任务和划分职责这一块，就足够让管理者们“喝上一壶”了。正因为如此，华为团队管理者从不看重团队的规模，只关心任务完成的质量如何。在这一基础上，华为团队管理者非但不会贪多，还会严格控制成员的数量，以避免责任分散、分工不明确等问题，以将责任细化到具体的人。

结构清晰，才能配合默契

在华为人看来，一个设计合理的团队结构，是取得成功的必要因素。

对此，管理者要做的，不仅仅是给团队一个清晰的结构，而且，还得定期对团队的结构进行优化和调整。要知道，团队结构不是一成不变的，有些任务往往需要新成员的加入，他们的到来则预示着团队该有所改变了！唯有及时地调整团队结构，才能确保团队之间的默契和协调，否则，便会拖慢团队的成长和发展！

科学搭配，实现1+1>2

在团队中，每个人都有自己的特点和优势，管理者如果想让团队创造1+1>2的价值，就必须根据成员们的性格、优势，来进行科学的搭配，唯有这样，才能让他们扬长避短且优势互补。对此，管理者不但要了解每个成员的技能优势，而且，还得熟知他们的性格特征，如此才能将每个人的能力发挥到极致。

默契这玩意，是要靠点手段的

不可否认，默契是需要时间来历练的，但管理者若就这么不作为的话，团队即便能侥幸逃过几场大祸，也免不了会受到小矛盾的干扰，所以，不妨采取点必要的手段，增进团队成员之间的默契，以便于自己更好地开展工作。对此，管理者可以组织一些内部活动，如定期举行个小会议，办些自由讨论会等；也可以来点生活中的“小惊喜”，如下班后团队成员一起“欢乐时光”，假日一同去参加些户外运动等。

管理红绿灯

工作中，我们总能发现比自己的团队更完美的团队，明明心里佩服得很，却不知怎的老想跟他们作对，似乎只有这样，才能显示自己的团队比他们的团队好！殊不知，这样对团队的成长非但没有帮助，还会起到反作用；唯有虚心地向他们学习，我们才能不断地进步，即使被甩在了身后，也要用心去观察和思考，去寻找他们的光芒所在！

华为理念：活着才是硬道理

“

对于个人来讲，我没有远大的理想，我思考的是这两三年要干什么，如何干才能活下去。活下去，永远是硬道理！

”

也许，在不少管理者看来，“活着”似乎是一个很低的要求，甚至给人一种“目标太低”的感觉。的确，相对于那些达到多少营业额、占领多少个城市等宏伟的战略目标，只要求企业能活着这一目标确实有点低，然而，你可千万别小瞧了这个“活着”，没有它，企业都已经不存在了，还谈什么团队、市场和营业额？

实际上，“活下去”的理念正是任正非的聪明之处，他深知，唯有保住了华为，才能让团队去实现更大、更多的目标，否则就算目标定得再高远，都不过是在空谈罢了！

一直以来，对于华为的发展，任正非都有着强烈的危机感，即便是在获得成功的当下，他也将华为的存活问题放在第一位，他认为，活着才是硬道理！

有一天，华为召开了一次内部例会，当孟晚舟（任正非之女）作完财务统计报告后，任正非看时间还充裕，便想听一听女儿对华为未来的发展有何高见。孟晚舟一听这话，顿时就来了精神，紧接着，她将壮大欧洲市场、开发新一代智能产品、打造电信网络新时代等战略构想统统说了一遍。然而，任正非对女儿的回答却并不满意。

只见任正非借着这次会议，对所有参加会议的干部们说："有长远目标是好的，人无远虑，必有近忧，企业也是一样，但大家一定要记住，华为没垮，是因为我们不仅看到了远处的风景，更注意到了脚下的一切。"在任正非看来，远期的目标虽重要，但更重要的是让华为活下来，因为只有它活着，一切才有实现的可能。

对此，任正非还曾教育过自己的一个部下。这个部下什么都好，就是野心太大，交给他的每项任务都死命地往大了做，总想事事超越行业的巨头。任正非怕他会摔跟头，便找他来谈话，任正非说："巨头并不可怕，因为巨头目光太远，他们不会去关注客户的近期需求，所以，华为要反其道而行之，将客户 3 个月的需求视为华为攻坚的主要对象。这 3 个月的需求，足以让一个企业活下去。"

事实证明，任正非是对的。现在华为不但活着，而且还越活越好。

当下，大多数管理者都在疯狂追逐利益的最大化，而任正非却只思考如何才能让华为活下去。为此，他从不盲目引资，并坚持不让华为上市；他也不急功近利，铤而走险地拿华为的未来做赌注；他更不热衷于赚快钱，而是始终保持着务实的态度……这就是华为与其他企业的区别，这亦是华为团队频频制胜的法宝。

很多时候，企业都不是死在竞争对手的手里，而是活生生地被自己给"作"死了！啥意思呢？是其管理者从不考虑企业的存活，整天只想着如何攻下山头、如何提高利润、如何获得更多的资金等，结果一不小心在决策上出现失误，导致原本就匮乏的资源，不是被自己消耗，就是被竞争对手吞噬，最后不得不宣告破产。

这绝不是危言耸听，你若不信，大可以一起来看巨人集团的发展历史。

提及史玉柱，现在可谓是无人不知，他那富有传奇色彩的人生经历，更是被世人所津津乐道，尤其是巨人集团的轰然倒塌，已成为所有创业者们的警钟！

曾经的史玉柱喜欢高歌猛进，在他看来："企业有几种，一是安定的；二是追求眼前利润的；三是追求长期利润的；四是追求长期利润、社会效益和规模效应的，这种企业是三者相互推动，长期利润、社会效益和规模效应存在着必然的联系。"很显然，他希望将自己的巨人集团打造成第四种企业，以让其获取更大、更多的利润。

为了实现这一美好的愿景，史玉柱给巨人集团制定了一个宏伟的目标——"百亿计划"！该目标的具体内容是：到 1996 年，要使巨人集团的产值达到 50 亿元；而到了 1997 年，巨人集团的产值则要达到 100 亿元！不仅如此，他还为此提出了"三级火箭"理论，详细部署了实现"百亿计划"的相关方案和战略。

在"三级火箭"理论的指导下，史玉柱把巨人集团研发的十几种保健品、药品和十几款软件等产品，一股脑儿地投放到市场中，为了能迅速占领市场，他还投放了 1 亿元的广告资金。然而，事情并没有朝着他想象的那样发展，由于这一系列的产品都是其他企业代为加工，从而导致只能靠传销和连锁店来销售；另一方面，急功近利的他，直接将"三级火箭"中的第二步和第三步并作了一步。

这种种因素使得巨人集团不堪重负，最后只剩下一个被掏空了的躯壳！

其实，正是巨人集团的倒下，让任正非明白了"活着"的重要性，使他懂得凡事都要脚踏实地去干。然而，对于团队的管理者来说，史玉柱的失败不仅仅是任正非的前车之鉴，更应该是自己的一记当头棒喝，好让自己看清这个世界的本来面目：要想让团队获得长足的发展，就必须戒骄戒躁，不能违背经济规律！

也许，相对于其他企业家而言，出身贫寒且当过军人的任正非，对"活着"有着更为深刻的理解，但却殊途同归，因为无论是对一个人，还是对一个团队来说，“活着”都是最基本的保障，同时也是最高的要求。华为人认为，开拓市场需要从一个销售部做起，网络新平台需要从一个产品模块开始构建，绝不能好高骛远，一切都要以“让企业活着”为基准，一步一个脚印才能不落空，一城一池的攻占才能得天下！

古语有云：“好高者浮，骛远者虚。”世人皆宣称要向华为学习，却鲜少有人注意到它成功的本质——不浮不躁、脚踏实地地发展。现代社会，不少团队一味地求多、求快，并盲目地追求高收益，可在任正非看来，团队若想获得真正的成功，首先要学会的是求稳，只有先学会“活着”，才有机会进一步成长和超越。

管理红绿灯

对于团队基层来说，一个不着边际的宏伟目标，远不如干好自己眼前的活来得真实，不仅如此，那些个大构想、大宏图的帽子太大，永远都不会扣到他们的头上。从这一角度出发，管理者也应当多考虑企业或组织的存活问题，多定一些短期的、细小的、最贴近团队成员视线的目标，这样才能有效激发团队成员的潜力。